Speed Success

가속성공
빨리 성공해야 길게 누린다!

가속성공

빨리 성공해야 길게 누린다!

도코 다케히사 지음 ● 신현호 옮김

Speed Success

Book Planner

가속성공

초판 1쇄 인쇄 2005년 10월 10일
초판 1쇄 발행 2005년 10월 15일

지은이 도코 다케히사 | **옮긴이** 신현호 | **펴낸이** 백운철 | **펴낸곳** 북플래너
편집 김시경 | **디자인** 남금란 | **영업 마케팅** 안원호 | **관리** 장윤정

등록번호 제22-2444호 | **등록일자** 2003년 12월 12일
주소 서울시 서초구 서초3동 1550-6번지 태림빌딩 6층(137-873)
전화 (02)3472-2040 | **팩스** (02)3472-2041 | **이메일** bookplanner@hanmir.com
ISBN 89-91028-07-1 (03320)
ⓒ 북플래너 2005, Printed in Korea

성공의 지름길은 분명히 있다

그날 아침.

나는 집에서 대기하고 있던 운전기사의 안내를 받으며 번쩍번쩍 광택이 흐르는 검은색 승용차에 올라탔다.

지금 내가 가려는 곳은 하루 50만 엔이라는 거액의 컨설팅 수수료를 기꺼이 내겠다는 고객의 사무실이다.

가는 도중 문득 창밖을 바라보니 샐러리맨을 가득 싣고 달리고 있는 전철이 눈에 들어왔다.

아침마다 되풀이되는, 흔히 볼 수 있는 광경이다.

그 광경이 눈앞에 펼쳐지는 순간, 내 가슴속에서는 만감이 교차했다.

불과 1년 6개월 전까지만 해도, 나 역시 날마다 만원 전철에 시달리며 출근해야 했던 아주 평범한 샐러리맨이었기 때문이다.

나는 운전기사에게 차를 갓길에 대라 일렀다. 그리고는 내 앞에서 스쳐 지나가는 전철을 한참 동안이나 지켜보았다.

그리고 스스로에게 물었다.

"내가 어떻게 저 전철에게 벗어날 수 있었을까?"

그때 나는 그 대답을 이미 알고 있었다.

지금 나는 서른한 살에 성공해 전국적으로 유명해진 사람이지만 8년 전에는 남과 다를 바 없는 아주 평범한 대학생이었다. 대학 졸업 후 증권회사에 입사하고 두 차례의 전직을 거쳐 2년 6개월 전에는 회사생활과 완전히 인연을 끊었다. 창업 후 불과 18개월 만에 연수입이 아홉 배로 껑충 뛰었으며 현재는 세 개의 회사를 경영하며 하루하루를 눈코 뜰 새 없이 바삐 지내고 있다. 물론 지금도 수입은 나날이 순조롭게 늘어가고 있다.

그런 나를 여러분은 '운 좋은 사람'이라고 생각하는가?

만약 내가 여러분보다 운이 좋은 사람이라면, '행동하기 나름으로 사람은 누구라도 단기간에 성공할 수 있다'는 사실을 좀더 빨리 깨우쳤다는 것뿐이다.

여러분은 이런 말을 들은 적이 있는가?

'사람은 자기가 생각하는 정도의 사람밖에는 되지 못한다.'

인간의 잠재능력 개발에 대해 연구해왔던 얼 나이팅게일 박사가 한 말이다.

'생각은 현실로 나타난다.'

이 말은 성공한 사람 511명을 분석하여 성공의 원리를 집대성한 나폴레옹 힐 박사가 했다.

이런 말들을 듣고, "기껏 하려는 말이 고작 그건가. 종이에 목표를 써넣으면 실현된다는 말을 하고 싶은 모양인데, 그렇게 해서 꿈이 이루어진다면 세상천지에 고생할 사람이 어디 있겠는가!"

"그렇게 해봤지만 아무런 효과가 없던 걸."

만약 위와 같은 생각을 했다면 당신이 바로 이 책을 읽어야 할 사람이다.

얼 나이팅게일과 나폴레옹 힐이 한 말은 모두 사실이다.

나는 선인들의 말을 믿고 실천하며 내 인생에서 가설과 검증을 되풀이함으로써 지금 이 자리까지 올랐다.

그러므로 이 책의 밑바닥에 흐르는 원리원칙도 선인들의 성공철학을 모아놓은 것이나 마찬가지이다.

하지만 원리원칙을 안다고 해서 무조건 성공할 수 없는 것 또한 사실이다. 왜 그럴까?

원리원칙이란, 가리키는 범위가 무한정 넓기 때문이다.

일례를 들자면 원리원칙은 야생 코끼리를 보고 싶다는 사람에게 아프리카로 가보라고 하는 것이나 마찬가지인 셈이다.

그런 보잘것없는 정보 하나만으로 목적지까지 도달하기란 결코 쉽지 않을 것이다.

그래서 나는, '가본 적이 있는 사람에게 그 방법을 들어봐야 한다'고 생각하게 되었다. 야생 코끼리를 꼭 보아야겠다면, 직접 경험을 해본 사람에게 듣는 것보다 더 좋은 방법은 없다.

나는 또한 되도록 많은 사람에게 들을 필요가 있다고 생각했다. 여러 사람한테 들어본 다음 가장 빠른 길을 고르면 남보다 먼저 목적을 달성할 수 있기 때문이다.

물론 코끼리를 보러 아프리카에 가는 것도 성공에 이르기 위한 과정 중 하나라고 할 수 있다.

하지만 성공에도 지름길은 있다. 공부하는 법, 자기한테 잘 맞는 분야를 찾아내는 법, 자신의 이미지를 높이는 법, 재빠르게 행동하는 비결, 성공의 습관이 몸에 배이도록 하는 법, 그리고 이러한 것들을 가속화하는 비밀.

성공의 원리원칙을 구체적인 방법으로 풀어헤친 이들의 노하우를 배우면 성공은 일거에 가속화하게 마련이다.

'성공을 가속화하는 노하우'를 여러분에게 전달하기 위해 나는 이 책을 쓰기로 결심했다.

왜냐하면 '성공하려면 시간이 걸린다'는 잘못된 생각에 사로잡힌 사람들이 많기 때문이다. 참으로 안타까운 일이 아닐 수 없다.

성공에 일정 정도의 긴 시간이 필요하다는 생각은 아주 엄청난 착각이다. 원하는 바를 단기간에 달성하는 비술은 분명히 있다.

나는 그것을 '가속성공'이라 부른다.

목표를 세우는 일이 중요하다는 것은 누구나 알고 있다. 그러나 단지 목표를 세웠다고 성공할 수 있느냐 하면, 결코 그렇지는 않다.

어떤 순서로 목표를 세우는 것이 좋은가?

목표를 달성하기 위해서는 어떤 방법이 효과적인가?

목표를 달성한 다음에는 어떻게 해야 하는가?

이런 구체적인 노하우 없이는 제아무리 많은 성공의 원리
나 법칙을 알더라도 실생활에서 응용하기는 어렵다.

단순한 지식이 아니라 실제로 효과가 있는 노하우를 구사
하여 단기간에 성공을 낚아채는 것, 그것이 바로 '가속성
공'이다.

지금 이 책을 처음 읽는 여러분과 마찬가지로, 나는 단기
간에 성공하는 방법을 알아내기 위해 수많은 사람한테 가르
침을 받고 방대한 양의 책을 독파했다.

그러므로 지름길을 찾아낸 나보다도 이제는 지름길이 그
려진 지도를 손에 쥔 여러분이 운이 더 좋은 사람인지도 모
른다. 이것이 내 솔직한 마음이다.

이 책은 내가, 독자인 여러분에게 보내는 '가속성공'의 세계로 안내하는 초대장이다.

더욱이 이 초대장에는 친절하게도 지름길이 그려진 지도가 딸려 있다.

자, 어떤가? 내가 보내는 초대장을 받고 싶은가?

망설이는 여러분을 위해 이것 한 가지는 약속하겠다.

'가속성공' 방법을 완전히 익힌 사람에게는 빠짐없이 '지금 연수입의 세 배'를 보장하겠다.

어떤가? 이보다 더 좋은 선물이 또 있을까?

나는 이제 만 서른한 살로 젊다면 젊은 나이이다.

'성공철학' 운운하기에는 아직 연륜이 짧다는 말을 들을지도 모른다.

하지만 오히려 젊다는 이유만으로도 내가 어떻게 성공한 사람의 대열에 일찌감치 끼게 되었는지 소개할 만한 가치는 충분히 있다고 생각한다. 그것이 바로 '가속성공'의 방법이다.

사회에 첫발을 내디뎠을 때 나는 아주 평범한 샐러리맨이
었다.

나는 빌 게이츠도 아니며 잭 웰치도 아니다. 별로 알려지
지 않은 소규모 회사의 사장에 불과하다.

그러니까 나는 여러분이 조금만 손을 뻗치면 언제든 쉽게
닿을 수 있는, 그저 그런 평범한 성공인 중 한 사람에 지나
지 않는 셈이다.

그런 나이기에, '누구에게든 가속성공의 지름길이 있다'
는 말을 해도 설득력 있게 전달되리라고 본다.

이 책에는 성공한 사람이 되는 방법과 순서가 담겨 있다.
성공한 사람들이 남겨놓은 수많은 말들을 검증하는 과정에
서 내 자신의 경험도 더해가며 알기 쉽게 풀이해놓았다.

여러분이 만일 나의 초대를 받아 여기에 적힌 순서대로 한
걸음씩 내딛는다면, 3~5년 뒤에 여러분의 수입은 지금의

세 배로 껑충 뛰어 성공의 기쁨을 맛보고 있을 것이다.

　검은색 고급 승용차를 갓길에 세워놓고 감개무량하게 전
철을 바라보고 있던 그날의 나처럼…….

－도쿄 다케히사

Speed Success

목차

01
성공한 사람을
철저하게 흉내 내라!

이렇게 성공한 사람을 수없이 접하다 보니, 부자가 되는 길이 한두 가지가 아니라는 사실을 비로소 깨달을 수 있었다.
말이 쉬워 '부자'이지, 부자에도 여러 가지 유형이 있으며 수입원도 가지각색이다. 어떤 식으로 성공을 거머쥐었는지 그 과정도 참으로 다양했다.

1

성공한 사람을 철저하게 흉내 내라!

● 내가 만나본 가지각색의 부자들

"부자에도 여러 가지 유형이 있군."

사회 초년생인 내가 직장생활을 시작하면서 느낀 점이다.

내가 대학을 졸업하고 처음 취직한 곳은 증권회사였다. 어느 증권회사든 신입 영업사원에게 처음 부과되는 일은 정해져 있다. 고액 납세자를 찾아다니며 영업을 하는 것이다. 일본에서는 신고한 연수입이 3천만 엔 이상이면 고액 납세자로 간주한다. 그들의 주소가 적힌 목록을 손에 쥐고, 증권회사의 신입 영업사원들은 어떻게든 주식투자를 유도하기 위해 하루 온종일 바삐 움직인다.

내가 증권회사에 취직한 것은 부자가 되고 싶었기 때문이다. 대학 시절에 어떤 일을 계기로 나는 반드시 '성공하고 말겠다'는 생각을 갖게 되었고, 사회에 발을 들여놓기 전부터 나의 성공 이미지를 수시로 그려보곤 했다. 여러 가지 성공 이미지 중 내가 가장 매력적으로 느낀 것이 증권회사의 트레이더였다.

그 당시 나는 '성공이 곧 돈'이라고 생각했다. 외국계 증권회사의 트레이더는 성과급 봉급 체계로 월급을 받기 때문에 하기 나름으로 엄청난 돈을 벌어들일 수 있다. 나는 그 점이 마음에 들었다. 그래서 장차 성공한 사람이 되기 위한 발판으로 '막대한 액수의 연봉을 받을 수 있는 직업'인 트레이더의 길을 생각했다.

'상장 증권회사에 입사하여 최고 실적을 올리는 영업사원이 되고 트레이더로 발돋움한 다음 재능을 인정받아 외국계 증권회사로 스카우트되어 엄청난 부자가……'

이런 꿈을 안고 증권회사에 입사한 나는 부자를 만나러 다니며 샐러리맨 생활을 시작했다. 실제로 영업을 위해 돌아다니다 보면 별의별 부자들을 다 만나게 된다. 의사, 회사 경영자, 부동산 갑부, 대기업의 임원, 음식점의 사장, 중소기업 사장……. 직업도 참 가지각색이다.

어느 상장회사의 임원은, "얼마 전까지만 해도 날마다 10

시간이나 일해야 했기 때문에 가족과 자주 실랑이를 벌였는데 이제 겨우 임원이 되었다"라며 투덜거렸다.

"직접 사업을 일으켜 어려운 시기도 있었지만 지금은 모든 것을 극복하고 규모를 확장시키고 있다"는 사람이 있는가 하면, "아내의 집안이 부자인 관계로 덩달아 부자가 되었다"고 하는 사람도 있었다. 또한 별다른 고생 없이 살다가 부모로부터 막대한 재산을 상속받아 하루아침에 부자가 된 사람도 있었다.

그 당시 나는, 부자 중에 부동산 갑부가 많다는 사실을 처음 알았다. 어떤 부동산 갑부는 내가 찾아갈 때마다 정원 손질이나 하며 한가롭게 지내고 있었는데 나중에 알고 봤더니 입이 다물어지지 않을 정도의 고액 소득자였다.

그다지 나이가 들어 보이지도 않기에 많은 재산을 상속받았거니 해서 물어보니까 그렇지 않다고 대답했다.

"나는 본래 샐러리맨이었지요. 모아둔 돈으로 부동산을 샀을 뿐입니다"라고 말하는데, 사실 그 사람이 소유하고 있는 부동산의 총가치는 수억 엔 규모에 달한다. 부동산 투자로 돈을 버는 방법이 있을 줄이야, 그 당시의 나로서는 상상조차 할 수 없었다. 샐러리맨이라도 얼마 안 되는 돈만 있으면 부동산 투자를 하는 길이 있다는 것을 그때 나는 처음 알았다.

이렇게 성공한 사람을 수없이 접하다 보니, 부자가 되는 길이 한두 가지가 아니라는 사실을 비로소 깨달을 수 있었다.

말이 쉬워 '부자' 이지, 부자에도 여러 가지 유형이 있으며 수입원도 가지각색이다. 어떤 식으로 성공을 거머쥐었는지 그 과정도 참으로 다양했다.

이렇게 나는 부자가 될 수 있는 여러 가지 방법을, 부자들을 직접 접하면서 경험할 수 있었다.

● 180명의 부자와 직접 만나면서 알게 된 사실

당시 일본의 고액 납세자는, 어림잡아 1만 9천 명 중 한 사람 꼴이었다. 그들에게 주식투자를 권하기 위해서는 백문이 불여일견이라고 우선 만날 수가 있어야 하는데, 그게 그렇게 간단한 일이 아니었다. 단 몇 분의 만남을 허락받는 데만도 치열한 경쟁을 뚫어야 하고 이것저것 복잡한 절차를 거쳐야만 했다. 내가 맡은 지역은 고급 주택이 밀집된 곳이라서인지 대상자만 해도 180명이나 되었다. 아마도 나 이전에도 수많은 신입 영업사원들이 고액 납세자 목록을 들고 악

전고투를 거듭하고는 중도에 물러났으리라.

나 역시 단 한 사람도 만나지 못하는 날이 계속 이어졌다. 하지만 포기할 생각은 털끝만큼도 없었다.

무엇보다도 일을 떠나서 개인적으로 그들에게 관심이 있었기 때문이다. 그도 그럴 것이 내 월급은 고작 17만 8천 엔인 데 비해 그들의 연수입은 3천만 엔 이상이 아니던가. '성공이 곧 돈'이라고 생각하는 내가 보기에, 그들은 분명 성공한 사람들이었다.

성공한 사람을 만나기가 쉬운 일은 아닐 텐데, 나는 직업이라 내세우며 당당하게 만나러 갈 수 있지 않은가. 만날 수만 있다면 별의별 이야기를 다 나눌 수 있다. 성공한 사람에게서 듣고 싶고 알고 싶은 것이 많은데 아무 소득도 없이 그냥 물러날 수는 없었다.

나는 날마다 즐거운 마음으로 영업하며 돌아다녔다. 사람을 직접 만나지 못하는 경우에도 수확은 있었다. 이를테면 우편함이다. 우편함만 주의 깊게 살펴봐도 참으로 많은 정보를 얻을 수 있다.

여러분도 알고 있는가? 부자들은 대체로 두 가지 이상의 신문을 구독한다는 사실을. 그 당시 한 가지 종류의 신문만 구독하던 나로서는 부자들이 왜 그렇게 많은 신문을 보는지

도무지 이해할 수 없었다. 그래서 스스로 이런 질문을 해보았다. '신문이란 무엇인가, 왜 신문을 사서 읽는가, 여러 가지 신문을 구독하면 어떤 이익을 얻을 수 있을까?'

그 해답은 어떤 부자와 이야기를 나누던 중 우연히 찾게 되었다. 신문이란 건 정보 아닌가. 부자는 정보에 가치를 두고 투자를 아끼지 않는다……

"뭐야, 대답이란 게 고작 그거야?"라고 생각할지 모르지만, 당시로서는 아주 놀라운 발견이었다.

그리고 현관 앞에서 이야기를 나누다 보면 열려진 문틈으로 실내가 얼핏 보일 때가 있다. 실례가 되지 않을 정도로 집안을 살짝 엿보고 나서, 부자의 집에는 책이 아주 많다는 사실도 알게 되었다. 대부분 한쪽 벽에 대략 1천 권 정도의 책이 가지런히 꽂혀 있다.

그런 집에서 이야기를 나누다가, "책을 참 즐겨 읽으시는 모양이군요"라고 말하면 "안에는 더 많은 책이 있지요" 하는 대답이 돌아올 때가 많았다.

이처럼 성공한 사람은 늘 공부를 게을리 하지 않는다는 것도 알았다.

쉽게 포기하지 않고 줄기차게 찾아다니면 상대방도 결국 마음을 열어주게 마련이다. 1년 동안 끈기를 부린 결과 나는 180명 전원과 적어도 한 번 이상은 직접 만났으며 그 중 40명 정도를 나의 고객으로 삼을 수 있었다.

나로서는 참으로 근사한 경험이 아닐 수 없었다. 사람이란 역시 직접 만나서 이야기를 나눠보기 전까지는 아무것도 섣불리 단정해서는 안 된다.

한번은 이런 일이 있었다. 어떤 고액 소득자의 부인과 만나 영업 이야기를 시작하려는 참이었다. "미안해서 어쩌죠. 남편이 증권회사의 임원이거든요. 아무튼 열심히 하세요. 남편도 영업사원으로 출발했으니까요."

부인의 이 말로 거기서 영업은 종지부를 찍게 되었만 당시의 분위기라든가, 돈에 관한 의식, 풍요로움 속에서 풍기는 기운 등 직접 말을 나눠보지 않고서는 알 수 없는 것들을 나는 그 순간에 감지할 수 있다.

'풍요로움 속에서 풍기는 기운'이라니, 그런 추상적인……, 하며 따지는 사람이 있을지 모르지만, 그런 것은 정말로 존재한다. 풍요로운 생활을 바탕으로 한, 말로는 뭐라 표현하기 어렵지만, 아무튼 부자라고 불리는 사람들에게는 공통적으로 풍기는 에너지 같은 것이 있다.

그때의 경험 덕택인지, 거리에서 스치기만 해도 나는 그 사람이 부자인지 아닌지 판단할 수 있게 되었다. 그 사람이

설령 값비싼 옷을 입지 않아도, 허름한 식당에서 라면 한 그릇을 먹고 있더라도 부자는 분명 '부자의 기운'을 발산하기 때문에 곧바로 알 수 있다.

나는 일 관계로 이야기를 하는 도중에, '생각은 실현된다'든가 '성공한 모습을 이미지로 그린다' 따위의, 이른바 성공철학 책에 적힌 내용을 그들에게 넌지시 말해보았다. 성공철학에 적힌 내용을 그들도 알고 있는지, 또한 실제로 실천하고 있는지 확인하고 싶었기 때문이다.

그러자 "그것이 중요하다. 나도 그 책은 읽었다" 하는 사람이 있는가 하면 "그런 책이 무슨 도움이 되지?"라며 전혀 흥미를 보이지 않는 사람도 있었다.

당연한 말인지도 모르지만 성공한 사람들이 모두 성공철학을 공부해서 성공한 것은 아니다. 하지만 제로에서 출발하여 열심히 노력해서 부자가 된 사람은, 자기 나름의 성공철학이라 할 수 있는 '원칙' 같은 것을 모두가 한 가지씩은 가지고 있었다.

● 대기업 사장과 중소기업 사장 중 누가 더 부자일까?

부자들과 어울리면서 나는 새로운 사실을 알게 되었다.

그때까지 나는 대기업 사장이 규모가 작은 회사의 사장보다 더 많은 월급을 받을 것이라고 생각했다.

여러분도 직원 수천 명을 거느리는 회사의 사장이 직원 수 10명 남짓 되는 회사의 사장보다 더 부자라고 생각하지 않는가? …… 사실은 그렇지 않다. 종업원이 30명도 안 되는 회사의 사장들이 사실은 돈을 더 많이 번다.

그 이유를 알아봤더니, 종업원이 30명을 넘는 회사의 사장은 대외적으로 이것저것 의식해야 하므로 고액 연봉을 받기가 조심스러워진다고 한다. 많이 받아야 연봉 3천만 엔, 게다가 주식을 상장시키면 더 낮아져서 2,800만 엔에도 못 미치게 된다. 3천만 엔이나 받을 정도면 대단하지 않느냐는 사람도 있겠지만, 실제로는 세금으로 원천징수 당하고 이런저런 보험료도 납부해야 하므로 정작 손에 들어오는 액수는 그보다 훨씬 더 적어진다. 또한 회사가 은행을 통해 융자를 받을 때는 개인보증을 서야 하기 때문에 때로는 인생 전부를 건 도박도 불사해야 한다.

물론 대기업이라고 하나같이 똑같지는 않다. 사업체를 본인이 소유하고 있는 사장인 경우에는 기업의 성장과 더불어 막대한 부를 쌓을 수도 있다. 특히 상장 가능한 규모로 회사가 성장하면 종업원 30명 이하의 사장보다는 자기 사업체를 운영하는 대기업 사장이 더 많은 재산을 모을 수 있다. 대부호나 억만장자가 된 사람들은 이런 식으로 막대한 부를 쌓아왔다. 그러므로 여기서 내가 말하는 대기업 사장이라 함은 고용된 사장을 가리킨다.

종업원 30명 이하의 회사라면, 사장 월급은 본인이 직접 정할 수 있으며 세금을 전부 공제한 뒤 남은 순이익을 주주에 대한 배당금 명목으로 자기가 전부 챙길 수도 있다. 또한 회사 명의로 골프장 회원권을 취득하거나 요양시설로 별장을 구입하는 일도 어느 정도는 보장된다. 그러므로 종업원 30명 이하인 회사의 오너 사장이 대기업의 월급 사장보다도 실제로는 부자일 때가 많다.

정확하게 말해서 돈을 자유롭게 쓸 수 있는 사람은 종업원 5명 이상, 30명 이하인 회사를 소유하고 있는 사장이다. 최하 5명 이상은 돼야 하는 까닭은 규모가 너무 작으면 사업을 크게 전개할 수 없어서 큰돈을 만지기가 어렵기 때문이다.

여기서 여러분들이 꼭 생각해야 할 것이 있다.

예를 들면, 일본을 대표하는 은행이나 생명보험회사, 제조업체의 사장이 되려면 치열한 출세 경쟁에서 살아남아야만

한다. 그것이 얼마만큼 고되고 힘들지 상상해보라.

종업원 30명 이하인 회사의 사장이 되는 편이 훨씬 쉬운 일이지 않겠는가. 더욱이 그렇게 하는 편이 부자가 되기도 더 쉽다면…….

과거에 내 고객 중에 매출액 200억 엔인 상장회사의 부사장이 있었다. 그는 항상 바쁘게 지내기 때문에 여간해서는 만나기가 쉽지 않았다. 아침에는 6시만 되면 나가고 밤에는 새벽 2시까지 일을 하기 때문이다. 그런데도 연수입은 고작 3천만 엔이라고 한다. 그는 너무 바쁜 나머지 일 이외의 것을 생각할 틈이 전혀 없는 상태였다.

분명 3천만 엔이란 소득은 적지 않은 돈이다. 하지만 그 사람을 보고 나는 "참으로 부럽군, 나도 저렇게 되고 싶어"라고 생각한 적은 단 한 번도 없다.

오히려 나는 그 사람을 보면서 '세상에서 이른바 성공했다는 소리를 듣는 사람들은 과연 스스로도 만족하는 형태의 성공을 손에 넣었을까?' 라는 의문이 들었다. 이런 의문 자체가 꼭 성공하고야 말겠다는 생각을 하고 있던 나로서는 커다란 깨달음이었다.

● 사우나에서 만난 상위 1퍼센트 실적의 영업사원

스스로 생각하기에 가장 바람직스러운 성공의 형태는 어떤 것인가?

수많은 부자들을 관찰하고 여러 가지 성공 패턴을 그려보는 동안, 나는 현실 속에서 적지 않은 스트레스를 감내해야 했다.

아무리 노력을 해봐도 동기로 입사한 약 100명의 신입사원 중에서 나는 최고 실적을 올린 적이 없었기 때문이다. 나는 고민했다. 신입사원 중에서조차 최고 실적을 올리지 못한다면 트레이더가 되어 외국계 회사로 가겠다는 비전은 단지 그림의 떡일 뿐이지 않은가.

나는 어떻게든 최고 실적을 올리고 싶었다.

그럴 즈음 나는 어처구니없는 실수를 한 가지 저지르고 말았다. 8만 엔이나 하는 6개월짜리 지하철 정기승차권을 분실하고 말았던 것이다. 내 월급이라 해봤자 17만 8천 엔이다. 무리를 한다면 새로 못살 까닭이야 없겠지만 그럴 마음이 내게는 아예 없었다. 눈앞이 캄캄해질 뿐이었다.

내일부터 회사 출근은 어떻게 한담…….

오랜 시간 고민한 끝에 나는 집에서 회사까지 걸어서 출근하기로 결심했다. 걸어서 출근할 바에는 무작정 걷기만 하는 것보다는 시간도 아깝고 심심하기도 하니, 도중에 있는 사무실이나 아파트 우편함에 내 명함이라도 집어넣으면서 걷는 게 낫겠다는 생각이 들었다.

편도 2시간이니, 왕복 4시간 거리다. 정신적으로나 육체적으로나 참으로 고된 일과가 아닐 수 없었다. 아침에 2시간이나 걸어야 하니 회사에 도착할 무렵에는 머리가 지끈거릴 정도였다.

하루는 외근 중에 적당한 시간을 틈타 잠시 휴식을 취하기 위해 사우나에 들어갔다. 영업시간 중의 사우나 출입은 그날이 처음이었다. 안으로 들어갔더니 거기에는 선배 영업사원 몇 명이 무리지어 있었다. 영업 실적을 따지자면 뒤에서부터 헤아리기가 수월한 편인 사람들뿐이었다.

순간 '이건 아니야!'라는 생각이 들었다. 여기는 최고 실적을 올리겠다는 목표를 세운 내가 올 곳이 못 된다. 이렇게 생각하고 돌아서려는데 조금 멀리 떨어진 곳에서 자주 본 적이 있는 또 하나의 얼굴이 내 눈에 들어왔다. 여러 차례 최고 실적을 올렸던 선배의 얼굴이었다.

"도코, 너는 1년차 영업사원이면서 벌써부터 이런 곳에 출입하나?"

"내가 1년차일 때는 이런 곳 출입은 상상도 못했어. 요즘 친구들은 참 배짱도 좋아."

 실적이 좋지 못한 선배들의 빈정거리는 소리를 묵묵히 들으면서 나는 톱 세일즈맨 선배가 있는 곳으로 다가갔다.

"어째서 사우나에 계십니까?"

 선배는 내 질문에는 아랑곳하지 않고 오히려 나한테 물었다.

"너야말로 여기엔 뭣 하러 왔지?"

"상당히 멋지고 훌륭한 분이 사우나에 있다는 말을 듣고 찾아왔습니다."

 그 선배가 사우나에 있을 줄은 전혀 몰랐으니 당시의 내 대답은 당연히 거짓말이었다.

 선배는 내 얼굴을 빤히 쳐다보다가 싱긋 웃음을 짓더니 맥주나 한잔 사주겠다며 나가자고 했다. 이로써 나는 톱 세일즈맨과 이야기를 나눌 기회를 얻게 되었다.

 사우나에 있었던 사람은 영업실적 상위 1퍼센트와 하위 20퍼센트의 사람들이었다. 어중간한 위치에 있는 사람은 아무도 없었다. 그들은 그 시간에도 열심히 고객을 찾아다니며 영업활동을 벌이고 있을 것이었다.

 참으로 희한한 세상이라는 생각이 들었다.

● 톱 세일즈맨에게서 직접 들은 시간관리법

영업시간 중에 사우나에 있다는 사실은 똑같지만, 상위와 하위를 가르는 차이가 분명 있을 것이다. 사실 실적이 좋지 못한 20퍼센트의 사람들과 최고 실적을 올리는 톱 세일즈맨은 같은 사우나에 있더라도 서로 멀찌감치 떨어져 앉아서 아무런 말도 주고받지 않았다. 똑같은 공간에 있으면서도 함께 어울리지는 않았던 것이다.

나는 톱 세일즈맨 선배에게, "어째서 사우나에 있는데도 최고 실적을 올릴 수 있습니까?"라고 물어보았다. 그러자 뜻밖의 대답이 돌아왔다.

그는 증권회사가 쉬는 날인 토요일과 일요일에 주로 일을 해왔다고 한다. 여러분이 대기업의 임원이거나 중소기업의 사장이라고 가정해보라. 그런 여러분이 증권회사의 영업사원과 차분히 이야기를 나누고 싶다면 언제 만나는 것이 가장 무난할 것 같은가?

회사가 쉬는 토요일이나 일요일이 아닐까?

그래서 그는 토요일과 일요일에 일을 해왔다는 것이다. 물론 회사가 보기에는 규칙위반으로 여길 수도 있으므로 아무도 모르게 해야 한다.

평일에는 어디를 가도 한가하게 마련이다. 그런 날을 이용해 부인과 호텔에서 점심식사를 하며, "주말에 함께 있어주지 못해서 미안해"라는 말로 위로해주고 토요일과 일요일에는 일을 한다. 그렇기 때문에 가정도 원만하고 영업실적도 오르는 선순환이 이어진다.

그렇지만 사람들은 대부분 평일에는 하루 종일 일하느라 고단해하고, 토요일과 일요일에는 사람들로 붐비는 행락지에서 가족을 위해 함께 시간을 보낸다는 명분으로 평일과 다름없이 피곤한 하루를 보낸다.

톱 세일즈맨은 보통 영업사원들과 발상부터가 완전히 다르다! 톱 세일즈맨과 실적이 좋지 못한 세일즈맨은 시간을 이용하는 방법도 전혀 다르다! 신참 영업사원이었던 나로서는 참으로 대단한 발견이 아닐 수 없었다.

일반적으로 샐러리맨은 회사가 정해놓은 '시간 사용법'에 얽매여 있다. 점심시간이 되면 식사를 하고 점심시간이 끝나면 다시 일을 시작한다. 9시부터 5시까지는 회사 일을 한다. 평일에 쉬고 싶으면 미리 휴가 신청을 하여 상사의 허락을 받아놓아야 한다.

그렇지만 톱 세일즈맨 선배는 회사가 일방적으로 정해놓은 그런 시간의 규칙을 무시하고 자신에게 가장 적절한 방법을 찾아 시간을 최대한 효과적으로 활용했던 것이다. 이

런 사실을 알고부터 나도 영업시간에 자주 사우나에 가게
되었다. 특별히 게으름을 피우기 위해서가 아니었다. 점심
시간에는 휴식을 취하고 오전중이나 영업시간이 끝난 뒤에
고객을 방문하는 식으로 시간 사용법을 바꾸었을 뿐이다.

무슨 이야기인가 하면, 다른 사람이 바쁘게 지내는 시간은
나의 주 고객층이라 할 수 있는 경영자나 그들의 부인들도
똑같이 바쁜 시간이다. 나는 고객이 한가롭게 지내는 시간
을 틈타서 영업하러 다니기로 했다.

효과는 곧바로 나타났다. 다른 사람들은 하루 온종일 할당
량을 채우기 위해 돌아다니므로 그만큼 경쟁해야 할 사람도
많다. 하지만 나는 상대가 한가롭게 지낼 때 마음 편히 영업
하고, 게다가 낮에는 사우나에서 휴식을 취하기 때문에 밤
늦도록 고단함을 모르고 영업을 할 수 있었다. 그러자 고객
쪽에서도 "자네, 참으로 열심히 일하는군"이라든가, "시간
이 벌써 이렇게 되었는데, 피곤하지도 않은가 보죠? 정말
대단해요"라면서 호감을 가져주곤 했다.

점심시간에 사우나에서 휴식을 취하기 때문에 그다지 피
로를 느끼지 않는데도, 고객들을 만나는 시간이 이른 아침
이나 늦은 밤일 때가 많다 보니 고객들은 나를 하루 온종일
열심히 일하는 사람으로 평가해주는 것이다.

곰곰이 생각해보면 분명 성공철학이 적힌 책 속에는 '시간관리를 잘하라'라고 적혀 있으며, 나 역시 '시간관리'를 중요하게 여기고 있다. 하지만 단지 책을 통해 알고만 있었을 뿐, 그때까지 살아있는 지식으로 직접 실천해보지는 못했다.

● 잃어버렸던 전철 정기승차권이 가져다준 기회

사우나에서 배운 톱 세일즈맨이 되는 비결을 하나 더 소개하겠다. '다른 사람의 힘을 빌려야 한다'는 점이다.

이상한 말처럼 들릴지는 모르지만, 톱 세일즈맨 선배를 가만히 지켜보았더니 생각했던 것만큼 그다지 일을 많이 하는 것 같지는 않았다. 그런데도 그가 늘 최고 실적을 유지하는 까닭은 무엇일까?

그 이유는, 주변 사람들이 척척 알아서 고객을 소개해주기 때문이다. 그래서 최소의 시간으로 최대의 성과를 올릴 수 있는 것이다. 그렇다면 주변 사람들이 고객을 소개해주는 까닭은 무엇일까?

그 이유는, 영업사원이 늘 '고객을 위해' 생각하고 행동하기 때문이다. 톱 세일즈맨은 사우나에서 휴식을 취하는 동안에도 머릿속에서는 어떻게 하면 고객을 만족시킬 수 있을지 궁리한다.

물론 증권회사의 영업사원은 주식 매매 중계만 하면 그만이다. 그렇지만 고객 앞에서는 영업 일에 연연하지 않고 고객에게 뭔가 플러스알파의 서비스를 제공하기 위해 늘 고민한다. 그리고 좋은 생각이 떠오르면 곧바로 행동한다. 그렇게 할 수 있는 까닭은 생각할 여유가 있기 때문인데, 그런 여유야말로 성공으로 이끌어주는 열쇠이다.

온통 땀투성이가 되어 영업하느라 애쓰는 사람은, 사실 자기 자신만을 위해 노력하고 있을 따름이다.

다른 사람을 우선적으로 생각해야 할지, 먼저 자신을 위해 노력해야 할지를 결정할 때 어느 쪽이 더 좋은 결과를 얻을 수 있느냐에 대한 대답은 명확하다. 다른 사람을 우선적으로 고려하는 경우 행동을 최소로 하더라도 상대에게는 효과가 크게 나타나므로 자연스럽게 주변에 사람들이 모여들게 된다. 최소의 행동만 하기 때문에 고객을 위한 아이디어를 생각할 여유도 생긴다.

하지만 자기 혼자만 열심히 노력하는 사람은 아이디어를 생각할 시간 여유가 없다. 그런 사람들은 낮에 한계에 다다르도록 바삐 움직이고 밤이 되면 동료들과 술을 마시고 떠들면서 스트레스를 해소한다. 이런 식으로는 아무리 시간이 흘러도 좋은 결과를 얻지 못한다.

최고 실적을 올리는 사람은 생각하는 데에 시간을 들이고 그 나머지를 행동하는 데 쏟아 붓는다. 그러므로 남보다 나은 결과를 얻을 수밖에 없다.

신입 세일즈맨인 내가 선배의 가르침을 받아 차츰 여유를 찾게 될 무렵, 어느 날 갑자기 행운의 여신이 나를 찾아왔다. 두 달 전에 정기승차권을 잃어버리고 나서 아침마다 명함을 집어넣었던 한 사무실로부터 전화가 걸려왔던 것이다. '60일 동안 날마다 우편함에 명함을 넣는 사람이 대관절 누구인지 한번 만나고 싶다'는 전화였다. 이후 그런 식의 전화가 거의 날마다 걸려왔다.

물론 나는 명함을 넣을 때마다 '고객을 위해서'라는 생각을 갖고 행동했다. 그 결과 '수억'이라는 매출을 올리게 되었다. 내 자랑 이야기가 되겠지만, 마침내 나는 그렇게 갈망했던 대망의 신인상(일정 기간 동안 최고 실적을 올린 직원에게 주는 상)을 받을 수 있었다.

정기승차권을 잃어버리는 난처한 일을 당했지만 나는 결코 포기하지 않고 더 열심히 노력했다. 그래서 톱 세일즈맨 선배를 만나는 행운을 얻었으며, 그런 결과를 통해 아주 중요한 사실을 깨우치게 되었다.

내가 그 후 회사를 옮기고서도 줄곧 톱 세일즈맨 자리를 유지할 수 있었던 까닭은, 그때 톱 세일즈맨의 발상법을 접할 기회를 얻었기 때문이다.

● 월급의 4분의 1을 서적 구입비로 써라

사우나에서 맥주를 마시면서 톱 세일즈맨 선배에게 물어보았다.

"어떻게 하면 톱 세일즈맨이 될 수 있습니까?"

"우선 영업 관련 서적을 많이 읽어야겠지."

나는 또 다시 물어보았다.

"좋은 책을 어떻게 구별합니까?"

그는 대답해주지 않았다. 그 대신 이런 말을 했다.

"책이란 얼마든지 있어. 그런데 90퍼센트 정도는 쓸데없는 책들이야."

그는 계속해서 말을 이었다.

"그렇지만 많은 책을 읽고 직관적으로 이 책은 상당히 쓸

만하군, 하는 경지에 이른다면 이미 톱 세일즈맨이 되어 있을 걸. 그러니 책은 되도록 많이 사서 틈나는 대로 읽을 필요가 있다고."

어리둥절해하는 나에게 그가 뜬금없이 물어보았다.

"네가 받는 월급이 어느 정도지?"

"뺄 거 다 빼고 나면 16만 엔입니다."

"그렇다면 지금 당장은 월급의 4분의 1인 4만 엔을 책을 사는 데 써야 한다."

월급 16만 엔 중 4만 엔이나 책을 사는 데 쓰는 것은 솔직히 말해 썩 마음이 내키는 일은 아니었다. 하지만 내가 스승처럼 떠받드는 사람이 하는 말이다 보니 사서 읽을 수밖에 없었다.

처음에는 좋고 나쁜 책을 구별할 수 없었기 때문에 마음이 동하는 대로 무조건 책을 샀다. 반신반의하는 마음으로 틈나는 대로 책을 샀는데 신인상을 받을 무렵 나는 좋고 나쁜 책을 직관적으로 구별할 수 있게 되었다.

그 이후 매달 5권 정도만 사도 알고 싶은 내용이 담긴 책을 고를 수 있게 되었다. 단지 책장을 대충 넘기기만 해도 찾고자 하는 지식이 자연스럽게 흡수되니, 다음날에는 그 방법을 활용하여 좋은 결과가 얻어지는 선순환이 이루어지기 시작했다.

그런데 어째서 똑같은 일을 반복할수록 원하는 곳으로 쉽게 도달할 수 있을까? 아마도 잠재되어 있는 위기관리능력이 서서히 눈을 뜨기 때문이 아닌가 싶다.

책을 많이 샀는데 내용이 별로 좋지 않다면 귀중한 시간을 쓸데없이 낭비한 꼴이 된다. 돈을 들였으므로 손실로도 이어진다. 이런 위험을 회피하기 위해 좋은 책을 고를 줄 아는 직관력이 자연스럽게 생겨났다고도 볼 수 있다.

자신에게 정말로 도움이 되고 소용이 되는 책은 서점에 진열된 책의 0.1퍼센트에도 미치지 않을 것이다. 그러므로 0.1퍼센트를 정확하게 가려내기 위해서는 경험법칙이 작용하도록 행동의 횟수를 늘려가는 방법밖에는 없다.

450전 전승을 자랑하는 이종격투기 선수 힉슨 그레이시를 아는가? 그는 상대가 다음에 무슨 공격을 해올지를 먼저 생각한다. 그래서 상대의 움직임을 미리 봉쇄하고 효과적인 공격을 할 수가 있다. 그의 실력을 뒷받침하는 것은 어려서부터 날마다 가족과 더불어 반복해왔던 수련이다. 역시 반복된 훈련이 그의 성공을 뒷받침한 셈이다.

스스로 좋은 책을 가려낼 수 있게 되자, 어떤 책이 좋은 책이냐는 내 질문에 선배가 대답하지 않았던 이유를 알 것 가

같았다. 선배는 가르쳐주기를 주저했던 것이 결코 아니었다. 처음에 좋은 책 몇 권을 소개하고 그 책을 읽게 한다고 해서 톱 세일즈맨이 되지는 않는다. 선배는 처음부터 그 사실을 알고 있었던 것이다. 선배에게 좋은 책이 내게도 똑같은 가치를 제공하지는 않기 때문이다.

사람은 저마다 살아온 과정과 배경이 다르다. 선배는, "내가 하는 영업과 네가 하는 영업은 서로 방식이 다르므로 똑같이 생각해서는 안 된다"라는 말을 자주 했다.

중요한 것은 배운 것을 행동으로 옮기고 검증하면서 자기 것으로 만들어가는 일이다. 행동으로 직접 실천하지 못하면 그 지식은 자기 것이 될 수 없다. 그러므로 자기 방식에 맞는 지식을 가려낼 필요가 있다.

나도 영업 관련 서적을 통해 배운 것을 실제로 영업 속에서 실천했기 때문에 지금 위치에 도달할 수 있었다. 다시 말해 '배움'이란 단지 지식만 쌓는 것이 아니라 얻은 지식을 직접 실천하여 '가설과 검증'을 반복하면서 몸에 익혀나가는 행위를 총칭하는 말이다.

● 자신과 성공한 사람의 차이에 초점을 맞춰라

여러분은 42.195킬로미터의 마라톤을 완주할 수 있는가?

나는 그것이 어차피 무리인 줄 알기 때문에 반환점까지만 가더라도 그나마 다행스럽게 여길 것이다. 그런데 42.195킬로미터를 일주일에 열 번이나 완주하는 사람도 있다. 이 '차이'는 도대체 어디서 나오는 것일까?

사실은 이 차이를 생각하는 것이 성공을 가속시키는 중요한 포인트가 된다. 일주일에 42.195킬로미터를 열 번이나 달릴 수 있는 사람에게는, 그 사람 나름의 달리는 방법이나 휴식을 취하는 요령, 몸 푸는 방법, 수분을 섭취하는 시기 등 여러 가지 노하우가 있다.

정말로 42.195킬로미터를 일주일에 몇 번이라도 완주하고 싶다면, '이미 해낸 사람'과 그렇지 못한 사람 사이의 '차이'를 살펴보는 게 가장 빨리 원하는 결과를 얻을 수 있는 방법이다.

여러분이 영업사원이라면 자기 회사의 톱 세일즈맨이 다른 영업사원과 어떤 점에서 다른지 철저하게 파악할 필요가 있다. 이 사람과 나의 차이는 무엇인가, 하고.

무엇인가 배우려고 할 때 가장 중요한 것은 상대가 무엇을 가르쳐주는가가 아니다. 배우려는 쪽이 그 사람에게서 무엇을 배우려고 하는지, 즉 얻고자 하는 부분에 초점을 맞추고 있느냐 하는 점이다.

어떤 '차이' 때문에 결과가 다르게 나타나는가? 이 사람이 지금까지 해왔던 행동과 내 행동에는 어떤 차이가 있는가? 의식을 이런 곳에 집중하지 못하면 중요한 포인트를 간과하고 만다.

어떤 사물에 대해 진정 알고자 한다면 질문하는 힘, 즉 질문력이 있어야 한다.

어떤 사람이 성공한 데는 반드시 그 이유가 있을 테지만, 그것이 꼭 머릿속에 정돈된 형태로 있다고는 단정하기 어렵다. 그 사람이 성공할 수 있었던 이유를 얼마만큼 파헤칠 수 있는지는 배우려는 쪽의 질문력에 따라 달라진다.

하지만 '무슨 질문을 해야 할지 도통 모르겠다' 는 사람도 적지 않다. 그렇다면 어떻게 해야 질문력을 키울 수 있을까? 질문이 떠오르지 않는 까닭은 대상에 흥미를 갖고 있지 않기 때문이다. 대상에 흥미를 갖고 원하는 것에 의식을 집중하면 질문거리가 꼬리를 물고 이어지게 마련이다.

그럴 때도 무슨 이유로 알고 싶어하는지 목적의식을 명확하게 가질 필요가 있다. 예를 들어 영어를 공부하는 경우라면 언제 외국에 갈지 모르고, 언제 영어를 쓰게 될지도 모르면서 무조건 공부부터 하려고 들면 동기가 희박해진다. '내년에 유학하고 싶다', 'TOEIC 점수를 800점 따고 싶다'와 같은 명확한 동기를 가지면 의욕을 훨씬 더 높일 수 있다.

내 경우에도 톱 세일즈맨이 되고 싶다는 강한 열망이 있었기에, 톱 세일즈맨 선배한테 어떤 점을 물어봐야 할지 질문을 명확히 가려낼 수가 있었다.

● 귀감으로 삼을 사람을 자주 바꿔라

뭔가를 배울 때 가장 좋은 방법은 훌륭한 스승을 두는 일이다.

스승과 자신의 관계는 어떤 식으로 이어져 있어도 상관없다. 회사의 상사나 다른 부서의 선배라도 상관없으며, 심지어는 집 근방의 아주머니라도 상관없다. 세미나 강사이든, 책의 저자이든, 대학 선배이든 누구나 스승이 될 수 있다. 자기가 배우고 싶어하는 분야의 전문가라면, 정말이지 누구라도 상관없다.

스승이 정해지면 이제부터는 스승의 발상이나 사고방식을

단도직입적으로 물어볼 수 있는 기회를 만들어야 한다. 이것이 가장 빠른 가속성공의 비결이다.

스승을 고를 때 중요한 것은 그 사람이 어떤 분야의 전문가인지 확실히 파악하는 일이다.

이때 상대의 주변 환경이나 배경에도 주목해야 한다. 다시 말해 그 사람이 어떤 과정을 거쳐 지금의 위치에 올랐는지에 초점을 맞출 필요가 있다. 가까이 지내는 사람이라면 본인이나 주변 인물을 통해 정보를 얻을 수 있다. 상대가 책을 쓴 저자이거나 세미나 강사일 경우에는 그 사람의 프로필이나 저작물을 반드시 검토하여 지금까지 걸어온 길을 꼼꼼히 살펴봐야 한다.

한 가지 예를 들어보자. 이제부터 야구를 시작하려는 사람이 이치로 선수(아메리칸 리그 시애틀 매리너스 팀에서 활약하는 일본인 야구선수-옮긴이)를 스승으로 삼고자 한다면 어떻게 해야 할까?

이치로는 일본을 대표하는 초일류 야구선수이다. 그런데 그의 배경을 살펴보면 초등학교 시절부터 이미 천재적인 능력을 발휘했음을 알 수 있다. 본래부터 야구를 잘하는 사람은 야구에 서툰 사람이 어떻게 해야 야구를 잘하게 되는지 그 방법을 알지 못한다. 그러므로 야구에 문외한인 사람이 이치로에게서 '야구를 잘할 수 있는 방법'을 배울 도리는 없다. 야구를 잘하고 싶다면 야구를 잘하게 된 경험을 가지고 있는 사람이나, 혹은 야구를 지도하여 실적을 올린 경험이 있는 사람을 스승으로 택할 필요가 있다.

다시 말해서 이치로 선수를 스승으로 삼기보다는 집 근방의 소년야구 선수단에서 어린이를 지도하여 좋은 실적을 올린 코치나 감독을 스승으로 삼는 편이 훨씬 더 낫다. 야구선수로서 일류인지 야구를 가르치는 선생으로서 일류인지 명확하게 파악할 필요가 있다는 말이다. 대상이 되는 사람의 주변 환경이나 배경을 살펴야 하는 까닭이 바로 여기에 있다.

사실은 또 한 가지 가속성공을 위한 스승 선택의 비결이 있다. 자신이 배우려 한다는 것을 상대방이 인식하지 않도록 여러모로 궁리해야 하는 점이다.

"부디 저를 제자로 받아주십시오."

"정성이 갸륵하여 제자로 받아들이마."

위와 같이 사제지간의 관계로 설정되면 제자는 평생토록 스승을 뛰어넘지 못한다.

오해가 없도록 분명히 짚고 넘어갈 점이 있다. 이 방법은 어디까지나 가속성공을 이루기 위한 과정에서 뭔가를 배우기 위해 스승을 선택하는 경우에만 해당된다.

내 경험을 되돌아보더라도 진보하는 과정에서 스승은 그 때그때 자주 바뀌었다. 스승을 자주 바꾸겠다는 자세를 갖고 때때로 자신의 성장에 맞춰서 스승을 교체하는 것이 단기간에 성공하기 위해서는 반드시 필요한 방법이다.

물론 일생을 두고 스승은 단 하나로 충분하다는 사람도 있을 수 있다. 나는 그런 사람의 가치관을 부정할 생각은 전혀 없다. 제5장에서 자세히 다루겠지만, 실제로 나에게는 학창 시절부터 늘 존경해왔던 마음의 스승이 있다.

내가 여기서 강조하고 싶은 것은, 자신의 성장과정에 맞춰서 그때그때 귀감으로 삼을 수 있는 스승을 선택하면 성공을 한층 더 가속화할 수 있다는 점이다.

● 효과적인 배움의 기술_ 수 · 파 · 이, 모델링

스승에게 효과적으로 배울 수 있는 방법으로서, 나는 '수(守) · 파(破) · 이(離)'라는 과정과 '모델링'이라는 기법을 사용하고 있다. '수 · 파 · 이'란 무도의 세계에서 배우고 익히며 홀로 서기까지의 수행과정을 세 가지 단계로 나누어 설명하는 개념이다.

- '수(守)' –지도자의 가르침과 방식을 그대로 지키고 따르는 단계이다.
- '파(破)' –지도자의 가르침과 방식을 깨고 자신의 독자적인 방법을 구축하는 창의적인 단계이다.
- '이(離)' –지도자의 가르침과 방식에서 완전히 벗어나 자기만의 독자적인 세계를 완성시키는 단계이다.

나는 위의 세 과정을 가속성공의 방법으로 응용했다.

맨 처음은 '수'이다. 이 단계에서는 스승이 그 분야에 관해서 가르쳐준 것을 남김없이 받아들이고 그대로 따른다. 설령 '그것은 이치에 맞지 않는 것 같은데' 하는 내용이 있더라도 자신의 감정을 백지상태로 만들어 일단은 무조건 받아들인다. 받아들인 내용을 이 단계에서 취사선택해버리면 더 중요한 것을 체험할 수 없기 때문이다.

다음은 '파'이다. 이 단계에서는 배운 대로만 하는 것이 아니라 자신의 발상이나 궁리를 가미하여 스승의 가르침에는 없던 방법이라도 자기 마음이 움직이는 대로 무엇이든 시험해본다.

마지막으로 '이'는 독자적인 세계를 확립하고 스승으로부터 완전히 벗어나는 단계이다. '이'의 단계에 이르면 스승과 완전히 결별하여 독립하는 것이 낫다는 사람도 있다. 하지만 나는 완전히 결별하기보다는 친구처럼 대등한 관계를 유지하기 위해 애쓰는 편이다.

예를 들면 제임스 스키너 씨와 나하고의 관계가 꼭 그렇다. 그는 전 세계에서 1,500만 부, 일본에서 120만 부를 돌파한 대형 베스트셀러 『7가지 습관』을 일본에서 출판하여 크게 주목을 받은 인물이다. 2004년 2월에는 자신의 성공 노하우를 정리한 『성공의 9가지 단계』를 펴내기도 했다.

나는 현재 그가 경영하는 회사의 고문을 맡고 있는데, 3년 전에 그는 세미나 강사로, 나는 한 사람의 수강생으로 처음 만났다. 나는 제임스를 스승으로 삼고 참으로 많은 것을 배웠다. 당시 회사를 차린 지 얼마 되지 않은 나로서는 제임스가 회사를 네 개나 경영하고 있다는 사실이 도무지 믿어지지 않았다. 더욱이 그는 네 개의 회사를 아무 탈 없이 경영하면서도 그림을 그리거나 음악을 즐기는 등 취미생활에 들이는 시간도 적지 않았다.

회사 하나를 경영하기도 여간 힘든 일이 아니다. 그런데 그는 네 개의 회사를 경영하면서도 저마다 실적이 양호한데다 자기 시간을 갖고 충분히 인생을 즐기고 있다. 나는 그 차이가 어디에서 비롯되는지 몹시 궁금하여 제임스를 스승으로 삼기로 했다. 물론 제임스는 이런 경위를 알지 못한다.

　그 덕분에 나는 지금 제임스와 마찬가지로 회사를 여러 개 경영하고 있으며, 넉넉한 보수를 받고 있음은 물론 내 시간도 남부럽지 않을 만큼 누리고 있다. 세미나에서 처음 만나 그의 회사의 고문이 되기까지 꼬박 2년이 걸렸다. 그 동안 내 나름대로 '수 · 파 · 이'의 전 과정을 그럭저럭 거치고, 지금은 제임스와 그저 친구 같은 관계를 유지하며 오늘에 이르고 있다.

　스승에게 효과적으로 가르침을 받는 또 하나의 방법으로서 '모델링'에 대해 알아보자. '모델링'이란 모델로 삼은 사람을 철저하게 흉내 내서 그 사람이 가진 능력을 자기 것으로 만들어나가는 기법이다.

　그렇다면 무엇을 흉내 내는 것이 좋을까? 제임스는 '언어' '감정' '몸짓' 세 가지를 흉내 내는 것이 좋다고 가르쳐주었다.

　비디오를 여러 차례 보고, 테이프를 여러 차례 듣고, 세미나에도 여러 차례 참가하여 상대의 말하는 방법이나 몸짓, 그리고 그때의 감정을 흉내 내어보는 것이다. 감정을 흉내 낸다는 말은, 그 사람이 어떤 감정을 품고 있는지 상상하고 자신도 똑같은 감정에 젖어보는 것을 의미한다.

참으로 믿기 힘들겠지만 말과 감정과 몸짓, 이 세 가지를 흉내 내다 보면 그 사람과 똑같은 결과를 얻게 된다고 제임스는 주장한다.

지금까지 여러 명의 성공한 사람들을 스승으로 삼아왔던 나는 제임스에게서 배운 것 세 가지에, 내 나름대로 정리한 '가속성공을 위한 모델링 기법'을 하나 더 추가했다.

모델링 기법의 포인트는 '행동' '신념' '포지셔닝'이라는 세 가지로 요약된다. '행동'이란 그 사람이 어떤 상황에 직면했을 때 어떤 움직임을 보일까에 주안점을 두고 있다. 모델로 삼은 사람의 행동을 주의 깊게 관찰하고 흉내 냄으로써, 자신의 몸에 그 사람의 성공 패턴을 그대로 새겨넣는 것이다. 또 그 사람이 어떻게 성공할 수 있었는지 그 궤적을 찾는 것도 행동의 모델링이다.

이어서 모델로 삼은 사람의 '중심 테마'가 무엇인지 깊이 있게 살펴본다. 그 사람은 어떤 기준으로 행동하는지, 그 사람의 핵심을 이루는 '신념'에 초점을 맞추고 그대로 흉내를 내는 것이다. 예를 들면 위대한 경영자 잭 웰치를 흠모한다면 그의 '신념'에 초점을 맞추고 자신도 그에 걸맞은 행동을 하기 위해 노력한다.

그리고 마지막으로 그 사람이 어떤 식으로 '자기를 인식'

하고 있는지, 자신을 어떤 위치에 맞춰가면서 성공을 이루었는지 그 '포지셔닝'에 초점을 맞추는 것이다.

예를 들면 나는 지금 음악 프로듀서인 고무로 데쓰야를 모델링 대상의 한 사람으로 삼고 있다. 그는 많은 뮤지션을 키워냈을 뿐 아니라 그 자신도 그룹을 만들어 뮤지션으로 활동하고 있다. 그런 '포지셔닝'이 그에게는 최적이었기 때문에 지금과 같은 성공의 길로 들어설 수 있었다고 나는 믿고 있다. 고무로 데쓰야의 '포지셔닝'에 초점을 맞춤으로써 나는 나 자신이 한 사람의 성공인으로서 살고 있음과 동시에 수많은 성공인들을 배출하는 모습을 꿈꾸고 있는 것이다.

'행동', '신념', '포지셔닝'이라는 세 가지를 모델링함으로써, 나는 성공하는 데 가속이 붙었다고 생각한다.

성공철학에 관한 책을 자주 읽는 사람들은 '성공한 사람의 CD나 테이프를 반복해서 듣는 것이 좋다'는 말을 자주 한다. 그 이유는 아주 간단하다. 성공한 사람이 하는 말을 반복해서 들으면 잠재의식으로까지 그것이 침투되는 효과가 있기 때문이다.

나는 지금도 습관적으로 자동차 안에서는 꼭 성공한 사람들의 CD를 듣고 있다. CD를 듣는 동안 나는 성공한 그 사람과 완전히 동화될 수 있다. 성공한 사람들을 끊임없이 흉

내 내는 일, 가속성공의 첫걸음은 거기서부터 시작되어야
한다.

Speed Success

02
가속성공의 핵심은
'유능의 테'에 있다!

사람은 누구나 자신만의 '유능의 테'를 가지고 있다. 여러 가지 '유능의 테' 중에서 어디로 포인트를 좁혀야 자신의 스위트 스폿이 될지 주의 깊게 파악하는 일이야말로 가속성공에 반드시 필요한 조건이다.

2 가속성공의 핵심은 '유능의 테'에 있다!

● 근면한 사람보다는 나태한 사람이 낫다

자신이 회사의 경영자라 상상하고 다음 질문에 대답해보라.

여러분 주변에 '근면하고 유능한 사람'과 '나태하고 유능한 사람'이 있다. 그들에게 큰일을 맡겨야 한다면 여러분은 어떤 사람을 고르겠는가?

아마도 약 90퍼센트의 사람이 '근면하고 유능한 사람'을 고르겠다고 대답할 것이다.

그렇지만 나는 다르다. 나는 '나태하고 유능한 사람'을 택한다. 보통 사람과는 좀 다른, 나의 이런 생각의 중심에 있는 것은 '마인슈타인 매트릭스'라는 재미있는 개념이다.

마인슈타인은 독일의 장군이다. 그는 장군감이 될 만한 인

60

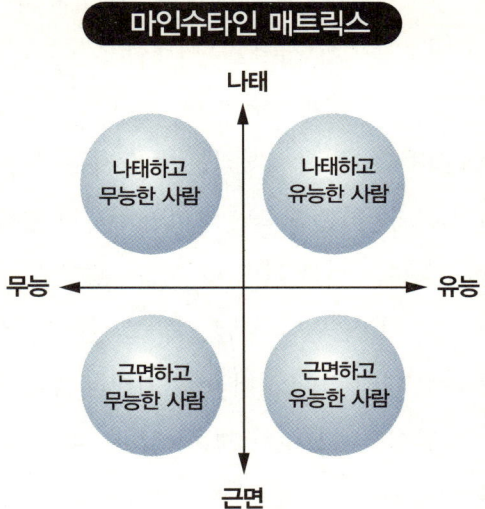

마인슈타인 매트릭스

나태

나태하고 무능한 사람 　 나태하고 유능한 사람

무능 ←　　　　　　→ 유능

근면하고 무능한 사람 　 근면하고 유능한 사람

근면

물을 좀더 확실하게 판단하기 위해 이 개념을 체계화했다. 나는 그것을 경영자의 자질을 판단하거나 직원을 배치하는 개념으로 활용하고 있다.

대부분의 경영자는 근면하고 유능한 타입을 좋아한다. 그렇기 때문에 근면하고 유능한 사람은 취직시험에서도 유리하다. 그러나 실제 비즈니스 현장에서는 '나태하고 유능한 사람'이 더욱 강한 힘을 발휘한다.

질문을 한 가지 더 해보겠다. 여러분의 부하직원 중에 '근면하고 무능한 사람'과 '나태하고 무능한 사람'이 있다. 만약 여러분이 누군가를 해고해야 한다면 어느 쪽을 고르겠는가? 사실은 여기서도 잘못 생각하는 사람이 꽤 많은 것 같다. 반드시 해고해야 할 사람은 '나태하고 무능한 사람'이 아니라 '근면하고 무능한 사람'이다.

동양인들은 대체로 정에 약하다는 말을 자주 듣는다. 그래서인지 열심히 노력하는 모습만 보이면 결과가 좋지 않더라도 '근면하고 성실하니까'라며 대수롭지 않게 생각하는 경향이 있다. 그러나 '근면한 사람', 즉 '성실하고 열심히 일하는 사람'이란 달리 말해서 더 이상 기대할 것이라고는 하나도 없는 사람이다. 그토록 열심히 일하는데도 결과가 좋지 않으니 그에게서 더 이상 무엇을 기대할 수 있단 말인가.

하지만 '나태하고 무능한 사람'은, 끊임없이 동기부여만 된다면 좋은 결과를 이끌어낼 소지가 많다. 즉 더 나아질 가능성이 분명히 잠재되어 있다.

유능한 경우의 예를 들더라도 이치는 마찬가지다. '나태하고 유능한 사람'은 '근면하고 유능한 사람'보다 한결 개선의 가능성이 크다고 볼 수 있다.

오해가 없도록 미리 밝혀두지만 여기서 말하는 나태란 행동량이 적다는 뜻이다. 단지 아무 일도 하지 않고 빈둥빈둥 게으름만 피우는 사람을 뜻하는 게 아니다. 단기간에 높은 생산성을 올리는 사람이 곧 '나태하고 유능한 사람'이다.

다시 말해 결과를 내기까지 소요되는 기간이 짧으면 짧을수록 잠재능력이 뛰어나다고 말할 수 있다. 그런 사람들이 단기간에 높은 생산성을 올리는 까닭은 시스템을 만드는 능력과 다른 사람을 부리는 능력이 있기 때문이다.

나는 요즘 내가 경영하는 회사에 일주일에 한 번밖에 얼굴을 내밀지 않는다. 내가 유능한지 어떤지는 잘 몰라도 나태한 경영자인 것만큼은 분명하다. 그런데도 회사가 제대로 돌아가는 것은, 내가 회사에 없어도 아무런 문제가 생기지 않는 시스템을 만들고 사람을 적절하게 활용하고 있기 때문이다.

그러나 근면한 경영자는 자기 자신을 시스템의 일부로 짜맞춰놓는다. 게다가 다른 누구보다도 더 열심히 일하기 때문에 매일매일 회사에 나가지 않으면 회사가 제대로 돌아가지 않는다. 이런 상황이다 보니 온종일 바쁘기만 할 뿐 수입은 늘 제자리걸음이기 일쑤다.

● 사람마다 유형별로 성공의 형태가 다르다

마인슈타인 매트릭스를 좀더 쉽게 이해할 수 있도록 한 가지 예를 들어보겠다.

어떤 나라에 A마을과 B마을이 있었다. A마을에는 우물이 있었지만 B마을에는 없었다.

여기서 질문을 하나 하겠다. 앞에서도 살펴보았듯이 마인 슈타인 매트릭스 안에는 네 가지 유형의 사람이 있다. B마을에 사는 네 가지 유형의 사람은 제각각 어떤 행동을 취하겠는가?

우선 '근면하고 유능한 사람'에 대해 알아보자. 이 유형의 사람은 양손에 각각 양동이를 들고 A마을에서 B마을까지 하루에 여러 차례 물을 길어 나른다. 자기 혼자서 나르는 양에 한계가 있으니 다른 사람에게도 똑같은 행동을 하라고 요구한다.

'나태하고 무능한 사람'은 자기 나름대로 궁리는 하지만 아무 일도 하지 않고 그저 바라보고만 있다.

'근면하고 무능한 사람'은 물을 나르는 일을 열심히 도와주기는 한다. 그런데 자주 넘어져서 애써 길어온 물을 죄다 쏟아버리니 오히려 도와주지 않은 것만 못한 결과를 낳는다.

그렇다면 '나태하고 유능한 사람'은 어떤 행동을 보일까? 이런 유형의 사람은 어떻게 해야 자기 손에 물을 묻히지 않고 물을 길어 나를 수 있을지 깊이 생각하고 고민한다. 그리고는 파이프라인의 아이디어를 떠올린다. 그러다가 마침내는 전 세계를 대상으로 파이프라인을 판매할 정도로 사업 규모를 크게 키운다.

위 내용을 비즈니스에 적용시키면 다음과 같은 결론을 내릴 수 있다.

'나태하고 유능한 사람'은 시스템을 만들고, 리더십을 발휘하여 주변을 끌어당기는 힘이 있으므로 창업가나 최고경영자에 적합하다.

'근면하고 유능한 사람'은 행동력이 있으므로 시스템 안에서 결과를 내는 역할, 가령 회사의 경영간부나 중간관리자 계층에 적합하다.

여기서 중요한 것은 각 유형별로 성공의 형태도 달리 나타난다는 점이다.

사람에게는 여러 가지 유형이 있다. 그러므로 모든 사람이 창업가나 최고경영자를 지향하기에는 무리가 뒤따르며, 또한 그럴 필요조차 없다고 나는 생각한다.

혼자서 땀 뻘뻘 흘리며 직접 일하는 것이 몸에 맞는 사람이 있는가 하면, 리더를 보좌하는 참모 역할을 통해 보람을 느끼고 성공을 거두는 사람도 있다.

나는 이 세상이 축구 경기장 같다는 생각을 한다. 공격수가 적성에 맞는 사람이 있는가 하면 수비수가 적성에 맞는 사람도 있다. 공격수가 겉보기에 아무리 화려하더라도 선수 전원이 공격수라면 결코 경기에서 이길 수 없다. 서로 다른 재능을 가진 선수들을 적절한 위치에 배치한 팀만이 승리의 쾌감을 맛볼 수 있다. 그러므로 성공하기 위해서는 우선 자신의 자질부터 파악하고 그에 걸맞은 포지션에 자신의 몸을 내맡길 줄 아는 자세가 필요하다.

● '유능의 테'와 '무능의 테'를 명확히 구분하라

여러분은 무엇에 자신이 있는가? 아주 질색하는 일은 무엇인가?

나는 영업에 상당한 자신감을 갖고 있었다. 영업 분야라면 어떤 회사에서든 톱 세일즈맨이 될 자신이 있다.

하지만 나는 영업하는 재주 말고 내세울 만한 것이라고는 거의 없는 사람이다. 우선 정리정돈을 무척이나 싫어해 내 책상은 늘 지저분하다. 자동차 운전 솜씨도 형편없고 스포츠도 영 자신이 없다. 여성에게도 별 인기를 끌지 못한다. 게다가 메일매거진의 발행자이면서도 컴퓨터에는 아주 문외한이다.

비단 나 혼자만이 아니라 사람이라면 누구나 자신 없어 하는 분야가 더 많은 법이다. 그렇다고 결코 부끄러워할 일은 아니다. 이는 사람 개개인의 개성이기도 하거니와 그런 부족한 부분이 있기 때문에 오히려 다른 사람에게서 호감을 살 수도 있다.

그러므로 창피하다는 생각으로 그런 사실을 굳이 감출 필요는 없다. 차라리 널리 알리는 편이 더 나을지도 모른다.

사람은 누구나 '유능의 테'와 '무능의 테'를 가지고 있다. 여러분이 어떤 분야에서 성공하고 싶다면 스스로 자신의 장점인 '유능의 테'와 단점이라 할 수 있는 '무능의 테'를 명확하게 아는 것이 무엇보다도 중요하다. 다시 말해서 자기 자신에 대해서 잘 알아야 한다. 자기라는 소프트웨어에 어떤 기능이 있고 없는지도 모른 채 행동부터 앞세우다 보면 본래 가지고 있는 능력의 10퍼센트도 발휘하기 어렵다.

여러분에게는 스스로도 알지 못하는 잠재능력이란 것이 반드시 있다. 그것을 끌어내기 위해서라도 자기 자신의 '유능의 테'와 '무능의 테'를 명확하게 인식해야 한다.

'유능의 테'를 올바르게 갈고 닦고 나면 그 사람을 성공으로 이끌어주는 '스위트 스폿(Sweet Spot)'이라는 것이 모습을 드러낸다. 우선은 자신의 스위트 스폿을 찾아낼 필요가 있다. 그 다음은 그것을 수입으로 연결시켜주는 '캐시 포인트(Cash Point)'를 찾아내야 한다. 캐시 포인트를 찾아내는 방법에 대에서는 나중에 제4장에서 자세히 다룰 것이다.

스위트 스폿과 캐시 포인트 두 가지를 찾아낼 수 있으면 수입은 반드시 세 배로 는다.

'아무리 그렇더라도 나한테는 별다른 재능도 없고……'라고 생각하는 사람이 있겠지만 걱정할 필요없다. 내가 일러주는 비결만 알면 누구든지 자신의 스위트 스폿을 찾아낼 수 있다.

● '나'를 잃고는 무엇도 얻을 수 없다

스위트 스폿에 대해서는 『스무 살에 만난 유태인 대부호의 가르침』의 저자인 혼다 켄 씨도 다루고 있다. 그는 즐거움, 두근거림, 자신감 등 세 가지가 함께 겹쳐지는 지점을 가리켜 스위트 스폿이라고 말한다.

나는 이 세 가지에 하나를 더 추가하고 싶다.

'자아를 잃지 말 것'이다.

대부분의 샐러리맨이 스위트 스폿을 찾아내지 못하는 까닭은 자아를 쉽게 내던지기 때문이다. 조직 속에서 지내다 보면 아무래도 '자신'을 드러낼 기회가 적어진다. '이렇게 하는 것이 나을 텐데' 하면서도 그 생각을 드러내서 실행해 나가기가 곤란한 경우도 있다. 그 결과 샐러리맨에게 필요한 협조성이 자아를 자꾸자꾸 위축시켜버린다.

그러나 스위트 스폿은 마음이 움직이는 대로 행동하지 않고는 손에 넣을 수 없다. 마음이 움직이는 대로 행동하라고 해서 무조건 자기 멋대로 굴라는 말은 아니다. 자신의 장점을 최대한 활용하는 방향으로 마음이 움직이는 대로 행동하라는 것이다.

예를 들면 일본의 격투기 선수로서 명성이 자자한 사쿠라바 가즈시라는 선수가 있다. 그는 일본인으로서는 그 누구도 물리치지 못했던 호리온 그레이시를 꺾고부터 인기를 끌기 시작했다. 사쿠라바 선수의 승리는 대부분의 일본인에게 '하면 된다'는 용기를 일깨워주었다.

그가 일군 승리의 뒤편에는 사쿠라바 선수 혼자만의 독자적인 훈련방식이 버티고 있었다. 그는 본래 그다지 주목을 받지 못했던 프로레슬러였다. 몸집도 작고 이렇다 할 특기도 없는 사쿠라바 선수에게 관심을 보이는 사람은 아무도 없었다. 게다가 그는 보편적으로 실시되는 그 분야의 체력 단련 방식을 따르지 않았으며 다른 선수처럼 무리하면서까지 체중을 늘리려고도 하지 않았다.

당연히 사쿠라바 선수는 많은 사람들로부터 비난을 받았다. 그러나 그는 자기 방식을 끝끝내 관철했다. 근육 트레이닝이나 달리기 훈련을 하지는 않았지만 그는 본래부터 좋아했던 격투기 트레이닝은 하루도 빠짐없이 열심히 했다. 그 결과 사쿠라바 선수는 호리온 그레이시를 누를 수 있었고 이는 오늘날의 명성으로 이어졌다.

스위트 스폿은 자기 일과 직접 관련이 없더라도 자신이 진정 좋아하는 것, 자신감을 가질 수 있는 것이라면 무엇이든 될 수 있다. 중요한 것은 거기에 온 정신을 집중해서 끊임없이 갈고 닦아야 한다는 점이다.

아주 흔치 않은 예로, 파친코(슬롯머신과 유사한 일본식 유흥업소-옮긴이)를 자신의 스위트 스폿으로 키운 샐러리맨이 있다. 그 사람은 누가 보더라도 아주 보잘것없는 샐러리맨의 전형 같은 인물이었다. 그는 회사 일에는 별로 관심을 두지 않고 틈만 나면 파친코를 찾아갔다. 하지만 파친코 실력만큼은 뛰어나서 회사 월급 두 배 이상의 수입을 파친코에서 벌어들였다.

하루는 파친코 사장이 그에게 하소연하듯이 "어떻게 하길 래 그렇게 성적이 좋으냐?"고 물었다. 본인으로서는 파친 코 놀이가 단지 좋아서 했을 따름이겠지만, 아무튼 그 일을 계기로 그는 파친코 관련 컨설턴트가 되어 크게 성공했다. 지금 그의 연수입은 1억 엔을 웃돈다고 한다.

라면을 매우 좋아하여 라면에 관한 일류 평론가가 된 사람 이 있는가 하면, 야경을 감상하는 취미를 살려 야경 평론가 라는 새로운 직종까지 만들어낸 사람도 있다.

자, 지금쯤 여러분이 어떤 생각을 하고 있을지 나는 참으 로 궁금하다. '나'를 잃지 않으면서 마음이 움직이는 대로 행동하는 것이 좋겠다는 생각이 들지는 않는가? 아무쪼록 자기가 좋아하는 분야를 열심히 갈고 닦았으면 하는 바람 이다.

● '열 마리 토끼를 쫓아 세 마리를 잡겠다'는 역발상

이미 하고 싶은 일이 있는 사람, 시간 가는 줄 모르게 푹 빠질 만큼 좋아하는 일이 있는 사람은 계속해서 그 분야에 매진하면 된다. 하지만 자신의 '유능의 테'가 무엇인지 잘 모른다는 사람도 분명 있을 것이다. 그런 사람은 자신의 '유능의 테'가 무엇인지 찾는 작업부터 해야 한다.

그렇다면 어떻게 해야 가장 빠르게 자신의 '유능의 테'를 찾아낼 수 있을까?

내가 아는 사람 중에 자신의 '유능의 테'를 단기간에 찾아낸 사람이 있다. 그 사람은 여성인데 제로상태에서 출발하여 불과 2년 만에 다도와 회화를 동시에 섭렵하게 되었다.

그녀는 여섯 가지의 강습을 한꺼번에 받는 방법을 활용했다. 여섯 가지 강습을 한꺼번에 시작하여 자기한테 맞지 않는다고 생각하는 것은 두세 달 만에 그만둔다. 그리고 마지막까지 남은 다도와 회화에 에너지를 집중하여 단기간에 이 두 가지를 자신의 스위트 스폿으로까지 끌어올렸다.

일반적으로 여섯 가지 강습을 동시에 받겠다는 생각을 하는 사람은 흔치 않다. 하지만 그녀가 하나씩 하나씩 개별적으로 강습을 받았다면 어떤 결과가 나왔을까?

우선 꽃꽂이를 시작하고 한동안 열심히 덤벼들 것이다. 그리고 6개월 정도 지날 무렵 자기한테는 역시 맞지 않는다며 그만둔다. 그런 다음 이제는 단소를 배워보겠다고 결심하고 강습을 받지만 이것 역시 6개월이 지난 시점에 자기한테는 맞지 않는다며 또 그만둔다. 이 두 가지만으로도 1년이 아무런 소득 없이 지나가버린다. 쓸데없이 허비한 시간이 아까운 것은 물론이거니와 시작하고 그만두는 반복적인 행동의 결과로, '혹시 나는 아무것도 할 수 없는 하찮은 인간은 아닐까' 하는 무기력감에 빠져들 수도 있다. 이렇게 되어서는 자신감마저 상실하기 십상이다.

 또한 개별적으로 시도해야 집중도 더 잘 될 거라고 생각하기 쉽지만, 사실은 비교대상이 없기 때문에 올바른 판단을 내리기가 어렵다. 오히려 동시에 여러 가지를 하게 되면 '다도는 꽃꽂이보다 낫고 회화는 단소보다 낫다'는 식으로 명확한 판단을 내릴 수 있다는 장점이 있다.

 이 방법을 쓰는 데는 약간의 위험요소도 있다. 처음 몇 개월 동안 강습을 받기 위해 지출해야 하는 비용이 너무 크다는 점이다. 그러나 해결방법이 전혀 없는 것도 아니다. 서너 달 동안 해보고 맞지 않는 강습은 미련 없이 그만두겠다고 정해놓으면 위험 부담의 크기가 어느 정도인지 미리 가늠할 수 있다. 위험요소를 미리 파악한 상태에서 도전하면 그다지 큰 문제는 없다. 오히려 여러 해에 걸쳐 '유능의 테'를 찾기 위해 시간을 들이는 것보다는 훨씬 더 효율적이다.

 나는 이런 방법을 비즈니스에 응용하고 있다. 새로운 사업 아이템이 몇 가지 있을 때 하나로 좁혀서 승부를 거는 것이 아니라, 어느 정도의 위험요소를 예측한 상태에서 모든 것을 한꺼번에 시험해보는 방법이다. 그리고 신통한 결과가 나온 분야만 그대로 밀고 나간다.

다시 말해 여러 가지를 동시에 시작하고 나서 범위를 좁히는 것이다. '두 마리 토끼를 쫓는 사람은 한 마리도 잡지 못한다'는 속담이 있지만, '열 마리를 쫓아서 세 마리를 잡겠다'는 역발상이 사실은 단기간에 가속성공하는 비결이다.

● '꿈의 실현'과 '성공의 실현'은 분명 다르다

오랫동안 꿈에 그린 대로 증권회사의 동기직원 중에서 최고 실적을 달성했던 나는, 그로부터 얼마 후 전직을 결심했다. 이유는 두 가지였다. 하나는 나에게는 트레이더가 될 자질이 없다는 점을 깨달았기 때문이고, 다른 하나는 월급에 대한 불만 때문이었다.

나는 본래 트레이더라는 직업을 동경해서 증권회사에 들어갔다. 열심히 노력해서 톱 세일즈맨이 되려 했던 것도 트레이더가 되고 싶었기 때문이다.

트레이더란 고객의 돈을 맡아 적절하게 운용하여 수익을

올려주는 직업이다. 그러나 직접 해보고 비로소 깨우친 바에 따르면 나에게는 '앞으로 오를 가능성이 있는 주식을 꿰뚫어보는 재능'이 전혀 없었다.

나는 증권회사에 몸담고 있는 동안 대략 280명의 고객을 개척했는데, 그 중에는 내가 권했던 주식을 샀다가 엄청난 손해를 입은 사람도 꽤 많았다. 그런데 나와는 달리 주가의 등락을 예리하게 꿰뚫어보는 영업사원들이 적지 않았다. 하지만 그들은 영업실적이 저조하기 때문에 트레이더가 되는 길이 쉽게 열리지 않았다.

내가 다니던 증권회사에서는 톱 세일즈맨만 트레이더가 될 수 있다는, 이른바 암묵적인 출세 원칙이 통용되고 있었다. 나는 톱 세일즈맨이었으므로 그대로 가면 트레이더가 될 수도 있었겠지만, '주식시장을 읽는 재능이 없다'는 황당한 현실에 부닥치고 말았던 것이다.

물론 내가 그렇게 쉽사리 포기한 것은 아니다. 증권회사에 다니던 1년 동안 동기 중 누구보다도 피땀 흘려 공부했는데도 전혀 성과가 나타나지 않았다.

낙담도 많이 했다. 하지만 그와 동시에 비로소 내 '유능의 테'가 무엇일까, 하는 부분으로 생각이 미치기 시작했다.

그것이 '영업'이었다. 그렇게 동경하던 트레이더의 재능은 내게 없었지만 톱 세일즈에 빛나던 영업 재능만큼은 누구한테도 뒤지지 않았다. 생각이 여기에 미치자 나는 영업이라는 재능을 활용하는 길로 나서기로 했다. 전직을 결심한 것도 그 때문이었다.

내가 경영하는 회사의 스즈키 상무는 대학 재학시절 축구부 주장이었고 150명의 부원 중 가장 뛰어난 선수였다. 대학선수권에서 활약한 경험도 있기 때문에 졸업한 뒤 J리그로의 진출도 가능했다. 하지만 그는 J리그로 가지 않았다. 지금은 최고 선수일지라도 J리그로 가면 후보 선수가 될 것이 뻔하다고 생각했기 때문이다.

그는 자신이 '유능의 테'라고 생각했던 축구를 직업으로 삼는 것보다는 150명의 부원을 이끈 경험을 살려 회사에 취직하는 것이 더 낫다고 판단했다. 그리고 지금은 내 회사에서 그 지도력을 유감없이 발휘하고 있다. 수입도 아마 J리그 선수에 뒤지지 않을 정도는 될 것이다. 더욱이 프로의 길은 포기했지만 그는 지금도 동네 축구팀에서 활약하고 있다. 주말에는 어린이 축구교실을 열어 아이들을 가르치며 여전히 축구와 더불어 즐겁게 생활하고 있다. 축구라는 '유능의 테'에서 '지도력'이라는 스위트 스폿을 찾아낸 그는 인생에서 성공했다고 말할 수 있으리라.

76

한편 그의 친구 중에 비슷한 정도의 실력으로 J리그에 진출한 사람이 있었다. 그 사람은 어떻게 되었을까? 400백만 엔의 연봉을 받으며 2년 동안 선수로 활동하다가 해고되어 지금은 취업준비를 하고 있다.

물론 그것이 나쁘다는 말은 아니다. 꿈을 좇는 것은 그 자체로 굉장히 멋진 일이다. 그러나 만약 여러분이 최고가 되고 싶다면 자기가 어떤 분야에서 승부를 걸어야 하고 자신의 스위트 스폿이 무엇인지 분명하게 파악할 필요가 있다.

왜냐하면 꿈의 실현과 성공의 실현은 같은 것처럼 보여도 사실은 완전히 다르기 때문이다. 좋아하는 일, 잘하는 일에 필사적으로 달려드는데도 성공하지 못하는 사람이 많은 것은 그 때문이다.

자신의 '유능의 테'를 갈고 닦다 보면 자기 재능을 키워갈 수 있음은 물론 그 재능이 어느 위치에 자리 잡고 있는지 명확하게 가늠할 수도 있다.

행인지 불행인지 모르지만 나는 트레이더의 재능이 전혀 없었기 때문에 최초에 그리던 꿈을 아무 미련 없이 포기할 수 있었다. 이런 점에서 '약간의 재능만 가진 사람'은 매우 주의할 필요가 있다.

장기의 세계를 예로 들어보자. 일본에서는 장기 실력이 전국에서 200위 안에만 들면 재능이 있다는 말을 듣는다. 그렇다고 그 사람이 장기 프로기사로서 살아갈 수 있는가 하면 꼭 그렇지만은 않다.

그러나 발상을 바꾸면 꼭 프로기사가 되어야만 장기의 재능을 살리는 길이라는 생각에서 벗어날 수 있다. 가령 장기를 가르치는 일에 특화하여 장기교실이라는 비즈니스에 도전할 수도 있다. 요즘에는 인터넷을 활용하는 방법도 얼마든지 있을 것이다. 또한 장기 관련 서적을 낼 수도 있다.

사람은 누구나 자신만의 '유능의 테'를 가지고 있다. 여러 가지 '유능의 테' 중에서 어디로 포인트를 좁혀야 자신의 스위트 스폿이 될지 주의 깊게 파악하는 일이야말로 가속성공에 반드시 필요한 조건이다.

● 하루 1시간씩 유능의 테에 투자하라

'유능의 테'는 여러분이 성공을 거머쥐기 위해 꼭 필요한 무기이다.

당연한 말이겠지만 무기는 잠시라도 손질을 게을리 하면 정작 필요할 때 제구실을 못한다. '유능의 테'도 갈고 닦지 않으면 '남보다 조금 나은 재주'에 그치고 말아 설 땅을 잃어버리게 된다.

그렇다면 '유능의 테'는 어떻게 갈고 닦아야 할까?

공부를 해야 한다. 사회인이 되었으니 공부 따위는 이제 집어치우겠다는 사람이 있을지 모르지만, '유능의 테'를 갈고 닦기 위해서는 공부 말고 달리 방법이 없다.

지식은 곧 힘이다. 이것만큼은 꼭 기억했으면 한다. '일류가 된다'는 것은 적어도 그 분야에 관해서만큼은 전문지식을 가져야 함을 의미한다. 다만 유능의 테를 갈고 닦기 위한 공부는 학창시절에 하는 공부와는 달라서 하기 싫은 공부를 억지로 시키는 사람이 없다.

'유능의 테'는 여러분이 좋아하고 자신 있어 하는 분야이다. 그런 분야를 깊이 파헤치는 작업이므로 즐겁지 않을 까닭이 없다. 아니 오히려 즐겁게 느껴지지 않으면 아무리 노력해도 효과가 나타나지 않는다. 즐거운 마음으로 공부하다 보면 뇌의 활동이 촉진되어 마른 솜이 물을 빨아들이듯 공부한 것이 몸으로 흡수되어간다.

자신의 '유능의 테'를 갈고 닦기 위한 공부를 날마다 한 시간씩 꾸준히 할 필요가 있다. '1시간씩이나! 바빠서 그럴 시간이 없는데' 하는 사람에게는 행운의 여신이 미소를 보내지 않는다. 성공이란 성실히 노력한 대가로 행운의 여신이 내려주는 포상이기 때문이다.

하루 1시간씩 공부를 날마다 계속하면 5년 뒤 여러분은 틀림없이 그 방면의 전문가가 되어 있을 것이다. 결코 거짓말이 아니라는 것을 나는 장담할 수 있다. 그다지 머리가 좋지도 않은 내가 직접 경험한 일이기 때문이다.

기준이 되는 양으로서 자기가 전문적으로 알고 싶은 분야의 책을 우선 스무 권 정도 읽어보라. 스무 권이나 읽으면 그 분야에 관한 전문지식이 어느 정도는 몸에 배게 된다. 또한 유익한 책과 그렇지 못한 책도 구별할 수 있게 된다. 책값으로 얼마 정도만 투자하면 끝나는 일이다.

● 배움을 위한 투지는 아끼지 마라

성공하고 싶다면 당연히 책을 읽어야 한다.

여기에 내가 하나 더 추가하고 싶은 것은 CD이다. 물론 음악 CD를 말하는 것이 아니다. 일반적으로 '세미나 CD'라 불리는 교재이다. 왜 세미나 CD를 권하느냐 하면 잠재의식에 끊임없이 좋은 영향을 미치기 때문이다. 책을 읽는 것이 '문자를 눈으로 따라가는 독서' 라고 한다면, 세미나 CD를 듣는 것은 '귀로 목소리를 듣는 독서' 나 마찬가지이다.

여기서 한 걸음 더 나아가 성공한 사람 중 자기가 본받고 싶은 사람의 강연회나 세미나에 적극 참가하기를 권하고 싶다. 이것은 '성공인의 에너지나 체온을 몸으로 느끼는 독서' 라 할 수 있다. 참으로 이상하지만 아무리 같은 내용이라도 강연회나 세미나의 경우 이해의 정도에 상당한 차이가 생긴다.

문제는 책값보다는 다소 비용이 많이 든다는 점이다.

하지만 잘 생각해보라. 여러분은 단기간에 성공하고 싶은 마음에 이『가속성공』이라는 제목의 책을 구입했을 것이다. 단기간에 성공하고 싶은 욕구가 정말로 강하다면 자기한테 투자하는 돈을 아껴서는 안 된다. 내 말이 옳다고 생각하지 않는가?

강연회에서 내가 늘 던지는 질문이 있다.

"당신이 바라는 연수입은 얼마입니까?"

가령 1천만 엔이라고 치자. 그렇다면 연간 30만 엔을 훗날의 자신을 위해 투자하라. 자신이 원하는 연수입의 3퍼센트를 공부하는 데 투자하는 것이 단기간에 성공하기 위한 비결이다.

혹시 깜짝 놀랄지는 모르겠지만 나는 대학을 졸업하고 지금까지 꼬박 9년 동안 총 1,900만 엔이나 되는 돈을 나를 위해 투자했다. 그래서 본전을 뽑았느냐고 묻는다면 대답은 당연히 '그렇다!'이다. 마음만 먹으면 딱 한 달 만에 그 돈을 회수할 수 있을 만큼 나는 내 '유능의 테'를 갈고 닦아왔다.

그 증거로 창업가 육성을 위한 CD를 스스로 개발하려고 했던 꿈을 마침내 이루게 된 점을 들 수 있다. 지금까지 다른 사람이 만든 수많은 책과 CD를 통해 공부해왔기 때문에, 내가 직접 남 앞에 설 수 있는 입장이 되었다는 점을 솔직히 매우 기쁘게 생각하고 있다.

단기간에 성공하기 위해서는 자신의 '유능의 테'가 무엇인지를 알고 열심히 갈고 닦아야 한다. 그리고 거기에 소요되는 돈과 시간을 조금이라도 아까워해서는 안 된다.

여기서 지금, 그렇게 하겠노라고 결심한 사람은 다음 장으로 나아가라.

아주 중요한 이야기가 여러분을 기다리고 있다.

03

가속성공을 위한
목표 설정 노하우

이 방법을 쓰면 목표가 구체적으로 잡힐 뿐만 아니라 모델로 삼은 인물을 조사함으로써 목표를 달성하기까지의 과정도 한눈에 파악할 수 있다. 목표와 거기에 도달하는 과정이 명확해질수록 목표 달성에 더 많은 확신을 가질 수 있다.

가속성공을 위한 목표 설정 노하우

● 미국은 달 착륙을 했는데 왜 일본은 못하는가

1969년 7월 20일, 미국의 아폴로 11호는 인류 최초로 달 착륙에 성공했다. 그로부터 35년이 지난 지금까지 일본은 달에 가지 못했다. 어째서 일본은 아직까지도 달에 도달하지 못하는 것일까?

국력 차이 때문에? 기술력이 낮기 때문에? 아니다, 그렇지 않다. 근본적인 문제는 다른 데 있다. 미국은 달에 가겠다는 결정을 했지만, 일본은 그렇지 않았기 때문이다. 이유는 단지 그것뿐이다. 다시 말해 미국의 아폴로 계획이 성공했던 까닭은, '달에 가겠다'며 목표를 높게 설정했기 때문이다.

생각해보라. 당시 미국의 컴퓨터가 일본의 TV 게임용 컴퓨터인 패미콘 정도의 성능밖에 없었다는 것은 익히 알려진 사실이다. 지금 일본의 기술력과 자금력으로 '가겠다'는 결정만 하면 일본은 달보다 더 먼 곳이라도 당장 갈 수 있다. 미국이 일본과 달랐던 점은 달에 도달하는 것에 관해 아무것도 모르는 시점에서 '어떻게 하면 갈 수 있을까'를 생각하고 가설을 세웠다는 점이다.

그러므로 위업을 달성하기 위해서는 우선 자신의 기준을 뛰어넘는 거대한 목표, 언뜻 보아 불가능하다고 생각하는 목표를 세워야만 한다. 이런 이치는 직장에서 실적을 올리는 경우에도 마찬가지로 적용된다.

여기서 내 자랑 이야기를 좀 해보겠다. 내가 전에 근무했던 X사는 실적 할당량을 엄격하게 따지는 회사였다. 복사기 한 대를 예로 들어보자. 한 대기업 자회사의 한 달 판매 할당량이 네 대인데 비해 X사의 할당량은 열두 대나 됐다. 대기업의 세 배나 되는 이 할당량에 직원들은 적잖이 불만을 품고 있었다. 그렇지만 오히려 나는 그 두 배도 더 되는 스물다섯 대를 목표로 설정했다.

결과는 어떻게 되었을까?

열두 대의 할당량에 불만을 품었던 동료 직원들은 아무리 많이 팔아도 아홉 대 내지 열 대 파는 것이 고작이었지만 나는 스무 대를 팔 때도 있었다.

이런 차이가 생긴 까닭은 무엇일까?

불만을 가진 사람들의 머릿속은 '대기업조차 월 할당량이 네 대인데……' 라는 생각으로 가득 차 있다. 그래서 할당량 열두 대를 다 못 채워도 일단 네 대만 넘기고 나면 고삐가 풀린 듯 마음이 느슨해진다. 하지만 나는 '스물다섯 대를 팔겠다' 며 목표를 높이 설정했기 때문에 다른 회사의 할당량 같은 것을 따져볼 겨를이 없었다.

회사에서 정한 할당량이란 회사 나름대로 정한 목표수치일 뿐, 직원 개개인의 능력이나 다른 회사의 할당량과는 아무런 관계가 없다.

목표를 높이 내건다는 것은 목표수치를 자기가 임의로 끌어올리는 일이다. 당시 나는 스물다섯 대를 팔 능력이 있다고 믿고, 그 목표를 달성하기 위해 필사적으로 영업을 했다. 그 결과 나는 스무 대의 복사기를 팔 수 있었다. 이런 식으로 나는 목표를 조금씩 높여가며 한 달에 최고 마흔한 대의 판매실적을 올린 적도 있다.

다시 말해 목표를 높게 설정한 사람만이 남보다 높은 실적을 올릴 수 있다.

● 목표를 설정하면 잠재의식이 가동된다

'목표를 명확하게 설정하고 이미지를 그리면 꿈은 반드시 이루어진다.'

성공철학으로 자주 인용되는 이 말을, 나는 브라질에서 유학생활을 하는 중에 처음 들었다. 내가 일본에서 다니던 대학은 브라질 대학과 교환유학 협정을 맺고 있었다. 운 좋게도 교환유학생으로 선발된 나는 브라질 현지에 사는 일본인 경영자의 집에서 홈스테이 형식으로 유학생활을 하게 되었다.

바로 그 일본인 경영자가 내 인생의 첫 번째 스승이라 할 수 있는 I씨였다. 그는 나의 대학 선배로 브라질에 건너가 온갖 고생을 겪은 뒤 가구업체의 경영자로서 크게 성공한 사람이었다.

I씨와 만나고부터 그때까지 품고 있던 경영자에 대한 내 이미지는 크게 바뀌었다. 당시만해도 나는 경영자들이 아주 완고하고 상대하기 까다롭다고만 생각했다. 그런데 I씨는 붙임성이 좋고 아주 친절했다. 그러면서도 주변 사람을 압도하는 카리스마가 있어서인지 일본의 브라질 현지법인 사장들이 I씨 앞에서는 늘 고분고분하며 깍듯이 예의를 지켰다.

내가 언젠가는 성공하고 말겠다고 막연하게 생각했던 것

은 나도 I씨처럼 되고 싶다는 마음을 가졌기 때문이었다.

I씨는 나에게 많은 것을 가르쳐주었다. "나중에 되고자 하는 자신의 모습을 이미지와 함께 종이에 적든가, 수중에 넣고 싶은 물건의 사진을 날마다 꺼내보는 것이 좋다. 그러면 소원은 반드시 이루어질 테니까"라는 말도 그가 내가 가르쳐준 것 중 한 가지이다.

내가 운이 좋았던 것은 이런 가르침을 단지 단편적인 지식으로만 들은 것이 아니라 실제로 겪은 사람의 생생한 경험담을 흡수할 수 있었다는 점이다.

I씨는 잡지에서 오려낸 페라리 자동차의 사진을 보여주면서 내게 이렇게 말했다.

"나는 이 사진 때문에 페라리를 손에 넣었다."

나는 도무지 영문을 알 수 없어서 I씨의 얼굴만 말똥말똥 쳐다보고 있었다. 하지만 그 사진에 있는 자동차는 분명 I씨가 타고 다니는 페라리와 완전히 똑같은 모델이었다.

그때 I씨는 '잠재의식으로 끌어 모아야 해!'라는 말만 했을 뿐 구체적인 설명을 마저 해주지는 않았다. 하지만 그 말은 내 의식 속에 깊이 새겨졌다.

나는 I씨가 했던 그 말의 뜻을 나중에 일본으로 돌아오고 나서야 알았다. 그때 나는 서점에 들러서 책을 고르고 있었다. 그러다가 문득 판매대에 있던 어떤 책 표지에 찍혀 있던 '잠재의식의 활용으로 꿈은 이루어진다' 라는 글귀가 시야에 들어왔다. 그 책의 저자는 도카이 대학의 교수를 지냈고 수많은 성공철학 관련 서적을 낸 샤 세이키였다.

나는 주저 없이 그 책을 읽어보았다. 책 안에는 I씨가 무심코 내뱉은 그 말이 문장화되어 해설까지 덧붙여져 있었다.

나는 그 책을 시간 가는 줄 모르고 몇 번이고 반복해 읽었다. 샤 세이키의 다른 책도 대부분 사서 모조리 통독했다.

그러나 I씨가 했던 말과 같은 내용이 담긴 책을 아무리 읽어도 '바라면 이루어진다' 같은 말이 선뜻 내 안으로 다가오지는 않았다.

그래서 나는 생활 속에서 직접 시험해보기로 했다. 때마침 한창 취업준비 중이고 해서, 나는 희망하는 직장을 종이에 적고 그것을 항상 품속에 간직하고 다녔다. 그리고 수시로 읽어보았을 뿐 아니라 그 회사에 취직하여 일하고 있는 내 모습을 그려보기도 했다.

종이에는 총 여섯 개의 회사를 적어넣었다. 그 기업들은 모두 상장 증권회사로, 대학의 취업과에서조차 '우리 학교에서는 어렵다' 며 고개를 설레설레 젓던 곳이었다.

결과를 받아든 이후에 나는 놀라지 않을 수 없었다. 그 모든 회사에서 합격통지를 보내왔기 때문이다.

나는 터무니없어 보이던 그 말을 믿지 않을 수 없었다. 그렇다! 목표를 정해놓고 한시라도 잊지 않도록 종이에 적어 가지고 다니면 꿈은 이루어진다.

● 목표 설정과 그에 대한 확신의 중요성

그렇다면 어째서 'OO한다'고 목표를 정해놓으면 반드시 이루어지는 것일까?

사실 그 이유는 간단하다. 목표를 보잘것없는 것으로 대치시켜 놓고 생각하면 알 수 있다.

예를 들어 '가족과 함께 토요일에 유원지에 간다'는 목표를 설정했다고 치자. 목표를 정했기 때문에 휴일마다 낮 12시까지 잠만 자던 아버지가 아침 9시에 일어나고, 어머니도 그보다 두 시간 먼저 일어나 도시락을 장만한다. 아이들도 그날만큼은 친구들과 어울려 놀겠다는 생각을 아예 접어놓는다. 따라서 가족이 다 함께 유원지에 간다는 목표는 쉽게 달성된다.

만약 처음부터 목표를 정해놓지 않았다면 어떻게 되었을까?

목표가 없으면 저마다 자기 형편에 맞게 움직이므로 '가족끼리 토요일에 유원지에 가는' 일은 이루어질 수 없다.

사실 '달에 가는 것'이나 '가족과 함께 유원지에 가는 것'은 수준의 차이는 있을지언정 적용되는 이치는 매한가지이다. 이렇게 지극히 단순하고 일상적으로 흔히 사용되는 기술을, 자신의 꿈을 실현하는 데 적용시키겠다는 생각을 갖는 것이 중요하다.

그렇다면 '달에 가는 것'과 '가족과 함께 유원지에 가는 것' 사이에는 어떤 차이가 존재할까?

차이는 고작, 실현 가능성을 확신하고 있는지 없는지의 차이뿐이다. 가족과 함께 유원지에 가는 것은 누구든 할 수 있는 일이라며 쉽게 확신을 가진다. 하지만 달에 가는 것은 누구든 할 수 있는 일이 아니며 확신을 갖기가 어렵다.

가족과 함께 유원지에 가는 것을 확신할 수 있는 까닭은, 저마다 목표 달성을 위해 해야 할 일을 처음부터 알고 있기 때문이다. 아침에 일찍 일어난다, 도시락을 장만한다, 친구들과 어울릴 생각을 하지 않는다, 등이다. 게다가 그 모든 행동은 누구라도 할 수 있는 일이므로 확신을 가질 수 있는 것이다.

그러나 달에 가는 경우는 무슨 준비가 필요한지, 어떤 위험이 있는지에 대해 축적된 정보가 거의 없다. 해야 할 일이 뭔지 모르니 그 일을 해낼 수 있을지 없을지 예측조차 할 수 없다. 그래서 확신을 갖지 못하는 것뿐이다.

다시 말해 일상적인 일은 가능성 여부를 미리 알고 있기에 할 수 있는 반면에 해본 적이 없는 일은 가능하다고 생각하지 않기 때문에 할 수 없는 것이다.

알지도 못하는데 어떻게 믿음을 가질 수 있겠느냐고 대부분의 사람들은 말한다. 과연 그 말이 이치에 맞을까?

그렇다면 전인미답의 위업을 달성한 사람들은 어째서 그런 일을 해낼 수 있었을까?

그들이 믿었던 것은 자신의 무한한 가능성이다. 그리고 또 한 가지 재미있는 이유가 있다. 목표 달성 과정을 모른다 해도 '가능하다' 는 확신만 가지면 목표를 달성하는 데 필요한 정보를 잠재의식이 알아서 끌어 모아준다는 점이다. 성공한다고 마음을 굳게 정한 뒤 I씨가 말했던 '잠재의식' 이라는 말뜻을 알려주는 정보가 샤 세이키의 책이라는 형태로 내 수중에 들어왔던 것처럼 말이다.

그런 작용이 일어나는 이유는 분명하다. 목표가 의식에 강하게 새겨짐으로써 우리가 날마다 눈과 귀로 접하는 방대한 정보의 더미 속에서 필요한 정보만 두드러져 보이도록 끊임없이 의식 속으로 신호를 보내기 때문이다. 목표 설정은, 마치 키보드로 검색어를 입력하면 방대한 정보의 바다 안에서 필요한 정보를 찾아주는 인터넷 검색엔진과도 같다.

그러므로 우선 목표를 정해놓고 그 목표를 달성할 수 있다는 확신을 갖는 것이 무엇보다도 중요하다.

● 목표에 대해 마음속으로도 동의하고 있는가?

구직활동에서는 지망했던 회사로부터 하나같이 합격통지를 받은 나이지만, 대학수험 때는 실패의 연속이었다. 곧바로 합격하지 못해 1년 재수하는 동안 공부에만 전념했는데도 결국 지망했던 학교에는 들어가지 못했다.

그 당시만 해도 나는 현실을 인정할 수 없어서 낙담도 참많이 했다. 하지만 지금 돌이켜보면 어쩌면 당연한 결과라는 생각도 든다. 왜냐하면 '좋은 대학에 들어간다'는 당시의 목표에 내 자신이 마음으로부터 동의하지 않았기 때문이다.

물론 좋은 대학에 들어가고 싶은 생각이 없었다는 말은 아니다. 내가 '일류대학에 들어간다'는 목표를 정한 까닭은, 일류대학 학생이라면 여성들에게 호감을 살 수 있을 것이라는 정도의 시시한 이유 때문이었다. 굳이 이유 하나를 더 들라면 일류대학을 나와 일류기업에 취직하고 싶었다고나 할까, 아무튼 동기가 그다지 순수하지는 않았다.

힘들이지 않고 그렇게 될 수만 있다면 굳이 마다할 이유야 없겠지만, 내가 진정으로 바라는 미래상이라고 힘주어 말할 수 있을 정도까지는 안 되었다. 단지 지금까지 살아오는 동안 부모나 주변 어른들한테 주입받았던 보편적인 미래상에 불과했다. 물론 나의 부모는 자식의 장래를 생각해 이런저런 조언을 했을 것임에 틀림없다. 하지만 부모한테는 그 밖의 다른 어떠한 성공의 도식도 마련되어 있지 않았다. 그래서 누구나 그러했듯이 일류대학을 나와 일류회사에 취직하는 것이 좋다고 생각했던 것이다.

일단은 나도 그런 길로 가겠노라고 생각하고 적지 않은 노력도 했다. 하지만 그 길은 내가 진정 바라는 길이 아니라며 마음 깊숙한 곳에서는 부정하고 있었다. 그래서 스스로는 열심히 노력했다고 자부하는지는 몰라도, 실제로는 엔진이 완전히 가동되지 않아서 수험공부가 효과적으로 진행되지 않았는지도 모른다.

'가능하다'고 확신하기 위해서는 '정말로 그렇게 되기를 바라는가?' 라는 물음에 반드시 마음으로부터의 동의가 뒤

따를 수 있어야 한다.

물론 확신하지 못하기 때문에 동의할 수 없는 경우도 있다. 예를 들어 연수입 1억 엔을 목표로 설정했을 경우를 생각해보자. 마음속에서는 1억 엔을 바란다고는 하더라도 '어차피 무리가 아닐까' 라고 생각해버리면 그 목표에 동의하기가 쉽지 않다. 다시 말해 동의와 확신은 동전의 양면과 같은 것이다.

그렇다면 어째서 동의를 하고 확신도 하면 꿈이 반드시 이루어지는 것일까?

성공철학의 선인들은 대부분 그 이유가 잠재의식 때문이라고 설명한다. 잠재의식 속에서 서로 이어져 있으므로 필요한 것들을 파동을 통해 불러들인다는 것이다.

유감스럽게도 나는 목표 실현에 잠재의식이 작용한다는 것을 과학적으로 증명할 재간은 없다. 하지만 내 자신이 직접 그런 현상을 경험하기는 했다. 마음속에서 바라는 것을 목표로 정해놓았더니, 그 목표와 관련된 사람이나 정보나 상황 따위가 마치 빨려 들어오기라도 하듯 내 안으로 흡수되었다.

일례로 1년 전의 나로서는, 이렇게 책을 출판하리라는 것은 도무지 상상조차 할 수 없는 일이었다. 빈사상태에 놓인 회사를 살려내는 데 성공했고 연수입도 샐러리맨 시절의 아홉 배를 벌어들인다고는 하지만, 세상 사람들의 눈으로 보기에 '나' 라는 존재는 어디에서나 흔히 볼 수 있는 중소기업의 경영자 중 한 사람에 지나지 않는다.

그런데 나는 '3년 안에 책을 출판하겠다' 는 목표를 종이에 적었다. 출판사에 아는 사람이 있는 것도 아니고 별다른 근거가 있는 것도 아니었다. 단지 마음속에서 동의하고 확신했을 뿐이다. 그리고 그 목표를 가는 곳마다 밝히며 별로 의식하지 않고 살아왔다. 그러자 어찌된 영문인지 그로부터 불과 두 달 사이에 출판사 여섯 곳으로부터 책을 내보지 않겠느냐는 의뢰가 들어오기 시작했다.

이처럼 뭔가를 '하겠다' 고 동의하고 실행하기 위해 노력하면 그때까지는 보이지 않았던 해결책의 공백부분에 무엇인가가 채워져 서로 이어지는 날이 반드시 찾아온다.

아마도 달 착륙을 하겠다는 아폴로 계획도 마찬가지였을지도 모른다. 달에 가겠다고 결정하고, 동의하고, 노력은 했지만 아무리 애를 써도 도저히 채워지지 않는 부분이 있었을지도 모른다. 어쩌면 그 공백부분을 그냥 내버려둔 채 그 문제가 해결되었다는 가정을 하고 일을 진행하다 보니 공백을 채우는 무엇인가가 어느 날 갑자기 모습을 드러냈을 수도 있다.

　어쩌면 지그소퍼즐을 완성해가는 과정과 비슷할지도 모른다. 지그소퍼즐은 정해진 순서에 따라 한쪽 끝에서부터 차곡차곡 공백을 매워가는 것이 아니다. 알기 쉬운 지점부터 부분적으로 채우다가 마지막으로 군데군데 빈칸을 채우다보면 전체가 완성된다.

　이와 마찬가지로 목표가 잠재의식의 도움을 받아 달성될 때도 목표를 향해서 하나하나 계단을 오르듯이 서서히 형상을 갖춰나가는 것은 아니다.

　한 계단 한 계단씩 오른다고 생각하면 도중에 채워지지 않은 공백이 생겼을 때 '역시 쉽지 않은 일이군' 하는 생각이 들고 도중에 포기하고 싶은 충동에 사로잡힐 수도 있다. 그러므로 도중에 채워지지 않은 부분이 있더라도 그다지 마음 쓸 필요는 없다. 반드시 채우겠다는 믿음만 잃지 않으면 필요할 때 필요한 것이 꼭 모습을 드러낸다.

　그리고 비로소 공백부분이 채워질 때 한꺼번에 계단을 줄달음쳐 올라가면 되는 것이다.

● 목표에 데드라인이 필요한 이유

목표를 정할 때 또 한 가지 중요한 것이 있다.

기일을 정해야 하는 점이다. 기일을 확실히 정해놓지 않으면 동의하기가 쉽지 않기 때문이다. 예를 들면 연수입 3천만 엔이라는 목표를 세웠을 때 현재의 연수입이 500만 엔인데 기일을 내년으로 정했다면 어떻게 될까? 순순히 동의할수 있을까? '이건 도저히 무리다'라는 생각이 들 게 뻔하다.

그런데 5년 후라면 어떨까? 기간이 5년이나 되니 자신의전문분야를 갈고 닦아서 새로운 수입원을 창출하는 방법도생각할 수 있다. 다시 말해서 1년 후라면 동의할 수 없는 정도의 높은 목표라도 5년 후라면 동의하는 마음이 생길 수도있다.

이런 식으로 기일을 정하는 방법을 잘 활용하여 성공한 사람 중에 '와타미 푸드서비스'라는 회사의 와타나베 미키 사장이 있다. 그는 자신의 저서 안에서 '꿈에 기일을 정한다'는 말을 누누이 강조했다. 그는 정확히 언제 몇 개의 점포를열지 적어놓고 적고 그 기일에 맞출 수 있도록 착착 일을 진행해나갔다.

와타나베 사장이 장차 경영자가 되겠다는 목표를 설정한것은 그가 10살이었을 때라고 한다. 그 후 와타미 푸드서비스를 설립하기까지 그는 실제로 한 치의 오차도 없이 전략적으로 움직였다. 경영학과에 진학하고 졸업한 뒤에는 회사 경영에 반드시 필요한 회계 능력을 익히기 위해 회계 컨설턴트 회사에 입사했다. 거기서 부기 2급 자격증을 취득하고 1년 만에 퇴사하고는, 다시 사가와 택배회사에 운전기사로 취직했다. 창업자금 300만 엔을 모으기 위해서였다. 그리고 예정대로 1년 만에 목표액 300만 엔을 모으자 반 년 동안의 준비기간을 거쳐 마침내 꿈에 그리던 요식업계에 발을 들여놓을 수 있게 되었다.

그는 처음에 대형 요식업 체인망인 '쓰보하치'의 점포 하나로 시작하여 자신의 독자 브랜드인 '와타미' 체인사업으로 전환하면서 성공의 계단을 차곡차곡 밟아 오르기 시작했다.

자신의 꿈을 달성하기 위해 필요한 행동을, 그는 참으로 치밀하게 계산했고 기일을 정해놓고 실행해나갔던 것이다. 언제 창업할지 정해놓고 그 과정에서 무엇이 필요하며, 그것을 손에 넣으려면 어느 정도 공부를 해야 할까? 이처럼 목표를 달성하기까지의 이미지가 명확히 그려져 있었기 때문에 그가 정해놓은 날짜대로 계획이 순조롭게 진행되었던 것이다.

와타나베 사장은 지금도, 2008년까지 1천 개의 점포, 2020년까지 3천 개의 점포라는 식으로 기일을 정해놓고 커다란 포부를 이루기 위해 끊임없이 노력하고 있다. 그가 지금과 같은 방법을 내버리지 않는 한 그 목표는 반드시 정해놓은 날짜에 맞춰 달성될 것이다.

● 적당하게 만든 설계도로는 건물을 지을 수 없다

목표를 정해놓고 그 목표를 확실하게 달성하려면 동의나 기일 등 빼먹어서는 안 되는 요소가 그밖에도 몇 가지 있다. 목표 설정에 반드시 필요한 요소를 상당히 알기 쉽게 정리해놓은 것이 브라이언 트레이시의 '스마트 원칙(SMART Method)'이다.

브라이언 트레이시는 미국에서 토목기사로 출발하여 연수입 2억 4천만 엔을 벌어들이는 컨설턴트로 성장한 인물이다. 그는 자신의 경험을 통해 얻은 성공 노하우를 널리 전파하는 일에도 부단히 노력하고 있다. 미국에서는 『성공하는 사람들의 7가지 습관』의 저자인 스티븐 코비와 더불어 성공철학의 대표적인 카리스마로 통하는 사람이다.

그런 브라이언 트레이시가 목표 설정 기술로 제창한 것이 바로 '스마트 원칙'이다. 스마트란 '구체성(Specific)', '계측 가능성(Measurable)', '동의 가능성(Agreed upon)', '현실성(Realistic)', '명확한 기일(Timely)' 등 목표 설정에 꼭 필요한 다섯 가지 요소를 나타내는 말의 머리글자이다.

가령 '하와이로 여행을 떠난다'는 목표를 정했을 경우 스마트 원칙에 따라 생각하면 다음과 같다. 우선 목표가 달성됐을 때의 구체적인 이미지를 그린다. 예를 들면 하와이에서는 어떤 해변에서 놀고 무슨 호텔에 머물까 등의 계획을 되도록 명확히 세운다. 이것이 첫 번째 항목인 '구체성'이다. 다음으로 '계측 가능성'에서는 며칠 동안 체류할 것이며 비용은 어느 정도 드는지 목표 달성에 필요한 숫자를 가늠해본다. 그리고 진정으로 하와이에 가고 싶어하는지 자기 자신의 동의 여부를 확인한다. 나아가 이 계획을 실행하는 데 현실적으로 장애가 되는 점은 없는지 검토한다. 휴가를 얻을 수 있을지, 비용을 조달할 수 있을지 등이다. 이제 마지막으로 몇 년 몇 월 며칠 안에 하와이로 출발할 수 있는지 기일을 설정한다. 이것이 성공하기 위한 '목표 설정' 방법이다.

목표 설정이란 이를테면 건물의 설계도를 만드는 작업과

흡사하다. 적당히 만들어진 설계도로는 이미지로 그린 그대로의 건물을 지을 수 없다. 이미지를 구체적인 숫자로 대체하고 면밀하게 검토하여 세부사항까지 확실하게 정했을 때 비로소 설계도에 그려진 대로 건물이 완성되는 것이다.

위 방법대로 목표를 설정하면 목표라는 최종도착지가 훨씬 더 명확한 모습으로 자리를 잡는다. 그저 하와이에 가고 싶다는 한순간의 생각만으로는 절대로 하와이에 갈 수 없다. 머물 곳을 정하고, 현지 일정을 알아보고, 예산을 짜고, 동의하고, 기일을 명확하게 잡아야만 거기에 맞춰 행동할 수 있고 그러면 목표가 달성되는 것이다. 오래 전부터 하와이로 여행을 떠나고 싶었는데 올해도 가지 못했다는 사람들은 목표 설정 방법에 문제가 있는 것이 틀림없다.

브라이언 트레이시는 '목표 설정은 성공의 가장 중요한 요소이다'라고 말한다. 이 말은 결국 목표 설정 없이는 성공을 기대하지도 말라는 말이나 매한가지라 할 수 있다.

● 꿈은 지나치게 크거나 작으면 안 된다

구체적인 목표는 거창한 꿈으로부터 생겨난다.

예를 들어 내가 X사에 다닐 때 '한 달에 스물다섯 대의 복사기를 판다'고 목표를 설정했던 까닭은, '성공하겠다'는 아주 거창한 꿈에 한 걸음 더 가까이 다다가기 위해서였다. 다시 말해 각각의 목표 설정은 꿈을 실현하기 위한 하나의 과정이라 할 수 있다.

자기 안에 거창한 꿈의 이미지가 없으면 그 과정 중 하나인 목표는 설정할 수 없다. 이 책을 읽는 여러분들도 비록 막연할지언정 무엇인가 꿈을 가지고 있으리라 본다. 그렇기 때문에 조금이라도 빨리 거기에 도달하고 싶어서 '가속성공'에 흥미를 가졌을 것이다. 그러므로 이 책에서는 '어떻게 하면 꿈을 가질 수 있을까' 하는 부분은 구태여 언급하지 않을 것이다.

하지만 여러분이 간직한 꿈이 여러분 자신에게 진정 걸맞은 꿈인지 아닌지 판단하는 실마리에 대해서는 간단히 짚고 넘어갈 필요가 있다.

사실은 꿈을 가지는 데도 비결이 있다. 나는 그 비결을 알기 때문에 단기간에 가속성공할 수 있었다.

가장 먼저, '어떤 꿈이라도 반드시 이루어진다'는 것을 믿어 의심치 말라. 인간의 가능성은 무한하다. 꿈은 반드시 이루어진다. 이것이 진리라는 데는 이론의 여지가 없다. 여러분도 단기간에 성공하고 싶다면 우선 여러분에게 걸맞은 꿈을 선택할 필요가 있다.

일례로 야구 경험이 전혀 없는 서른 살의 남자가 이치로 같은 프로야구 선수가 되어 성공하겠다는 꿈을 가진다면 어떻게 될까? '꿈은 반드시 이루어진다'는 진리로 미루어볼 때 전혀 불가능하다고 단정할 수는 없다.

그러나 뛰어넘어야 할 장애가 많은 것만큼은 분명하다. 불가능하지는 않지만 실현하기가 상당히 어렵다. 그 어려움의 실체는 거의 불가능이라고 보아도 무방할 정도이다. 그렇다면 그 꿈을, 자기가 아닌 자녀를 통해 이루려고 한다면 어떻게 될까? 장애는 눈에 띄게 줄어든다.

사실 이치로나 타이거 우즈 같은 초일류 선수는, 성장과정을 보면 알겠지만 그들 부모의 꿈을 이어받아 어린 시절부터 영재교육을 받으며 꿈을 실현해갔다. 물론 무모한 꿈을 갖든 말든 그것은 오로지 본인의 자유이다. 머릿속 공상의 세계에서 꿈의 날개를 펼치는 것은 그 나름대로 즐거운 일이다.

하지만 꿈을 실현하는 것이 인생의 목적이라면 이루어질 법한 꿈을 가질 필요가 있다. 구체적으로 말하자면 앞에서도 언급했듯이 자신의 '유능의 테' 안에 꿈이 자리 잡을 수 있도록 해야 한다. 생각하기 나름으로 그 꿈은 도달할 수 없는 아주 먼 곳에 있는 것처럼 느껴질지도 모른다. 하지만 '천리 길도 한 걸음부터'라는 말이 있듯이 수십, 수백 가지의 구체적인 목표를 정해놓고 한 걸음 한 걸음 밟아나가면 그 꿈은 반드시 이루어진다.

무모한 꿈을 갖는 것이 바람직하지 않다지만, 사실 그보다 더 나쁜 것은 작은 꿈에만 안주하는 경우이다.

단언하건대, 여러분의 능력은 스스로 생각하는 것보다 크다. 만약 여러분이 작은 그릇에 만족해하고 있다면 그것은 여러분이 스스로 그렇게 정해놓은 결과이다. 꿈을 더 크게 가져라. 그것만으로도 여러분의 인생은 좀더 풍요로워질 수 있다.

무모한 꿈을 품다가 도중에 좌절하는 사람보다도 너무 작은 꿈만 품다가 인생을 헛되이 보내는 사람이 사실은 훨씬 더 많다. 무모한 꿈을 가지면 성공에 이르는 길이 한층 더 멀어진다. 반대로 꿈이 너무 작으면 성공에 이르는 길이 아예 닫혀버린다.

무모한 꿈이나 너무 작은 꿈이 아닌 아주 거창한 꿈을 가지는 것이 가속성공을 위한 필수조건이다.

● 대·중·소 세 가지 관람차를 이용한 목표 설정법

지금은 내가 대수롭지 않은 듯이 '거창한 꿈을 가져라'고 외치고 있지만, 사실은 나 역시 처음부터 거창한 꿈을 가지지는 못했다.

서른 살에 연수입 1천만 엔. 이것이 내가 처음으로 가진 꿈이요, 성공의 이미지였다. 그러던 어느 날 나는 브라이언 트레이시의 책 속에서 다음과 같은 말을 발견했다.

'10년 안에 소득을 열 배로 키운다.'

이것이 과연 가능한 일일까? 그 순간에는 이런 생각이 머리를 스쳤다. 하지만 브라이언 트레이시를 스승으로 삼겠노라고 결심한 터였기에 나는 그의 말을 그대로 받아들이기로 했다.

상식적으로 생각해도 그 당시 나로서는 상당히 많은 장애를 내포하고 있던 목표 설정이다.

하지만 그런 시점일지라도 도저히 불가능하다고 여겨지는, 아주 높은 수준의 목표를 설정하는 것이 바람직하다.

사람들은 대부분 상식적인 틀에 얽매여 일정한 범위에서 벗어나지 않는 꿈만 가지려는 경향이 있다. 특히 요즘처럼 경제상황이 좋지 않을 때는 '구조조정 대상자가 되지 않겠다'라든가 '일단 불황 먼저 극복해내자' 등, 눈앞의 문제해

결을 위한 정보만 넘쳐흐를 뿐 거창한 꿈을 진작할 만한 분위기가 조성되기 어렵다.

자신의 의식을 주의 깊게 관찰하라. 자신의 의식 속에 세상이나 매스컴을 통해 흡수된 고정관념이 자리 잡고 있지는 않은가. 하지만 사실 그것은 본래 여러분의 개성이나 능력과는 아무런 관계가 없는 것일지도 모른다.

자신의 꿈은 본인 스스로 결정해야 한다. 그리고 그 꿈은, 여러분이 지금 품고 있는 꿈보다 더 거창해도 상관없다.

그러나 느닷없이 거창한 꿈을 갖고 이루어질 것을 확신하라고 내가 아무리 강조한들 실제로 그렇게 하는 것이 쉬운 일은 아니다. 나 역시 그랬다. 하루아침에 연수입 목표액을 열 배로 고쳐 잡기는 했지만 곧바로 확신하고 동의할 수 있었던 것은 아니다.

그래서 생각해낸 것이 '세 가지 관람차'를 이용한 목표 설정법이다. 세 가지 관람차 그리고 전망용으로 만들어진 대형 관람차와 중형 관람차 그리고 소형 관람차를 말한다. 머릿속에서 세 가지 관람차를 이미지로 그리고 우선 가장 큰 대형 관람차에 자신이 상상할 수 있는 최고 한도의 아주 거창한 꿈을 실어넣는다. 이 시점에서는 아직 그 꿈의 실현성 여부에 확신을 갖지 못해도 상관없다. 그 대신 마음속에서 진정 위대 하다고 생각하는 꿈이어야만 한다.

다음으로 소형 관람차에는 지금 자기가 노력만 하면 실현할 수 있을 듯한 목표를 실어넣는다. 노력하기만 하면 꼭 이룰 수 있다는 확신이 80퍼센트 정도는 되는 꿈이어야 한다.

그리고 중형 관람차에는 소형 관람차와 대형 관람차를 서로 이어주는 데 필요한 목표를 설정해넣는다.

대형 관람차는 확신을 가질 수 없어도 상관없다. 너무 무모해서도 안 되겠지만 자기가 마음속으로 '꼭 되고 싶다'고 동의할 수 있는 것으로, 되도록 거창한 꿈을 무리해서라도 대형 관람차 안에 실어넣어야 한다.

꿈은 거창할수록 더 많은 에너지를 내포하게 마련이다. 그 에너지가 여러분을 둘러싼 현실을 성공의 길로 함께 이끌고 간다.

자, 이제 여러분은 단지 눈앞에 있는 소형 관람차만 돌리면 된다. 확신을 갖고 소형 관람차를 돌리기만 하면 나중에는 중형 관람차는 물론 대형 관람차까지도 저절로 움직이게 된다. 그리고 일단 움직이기 시작하면 이제는 대형 관람차의 에너지까지 작용하여 점점 회전력이 증가되고 그 힘이 여러분을 가속성공으로 이끌어준다.

● 억지로라도 사명감을 가져라

세 가지 관람차를 만드는 데도 사실은 약간의 비결이 있다.

하나는 기일을 정하는 일이며, 또 하나는 '달성할 수 있는 근거'를 적는 일이다. 기일의 중요성은 브라이언 트레이시의 '스마트 원칙'을 설명할 때 자세하게 다뤘듯이 목표 설정에 꼭 필요한 요소이다. 그러므로 대·중·소 각각의 관람차에 실어넣은 자신의 꿈이나 목표를 언제까지 달성할 수 있을지 기일을 명확히 정하지 않으면 안 된다.

대형 관람차가 5~10년 후, 중형 관람차가 2~3년 후, 소형 관람차는 3개월에서 1년 후 정도로 설정하는 것이 좋다.

각각의 관람차에 무엇을 실어넣을지는 여러분의 자유이다. 자신의 성공 이미지를 명확하게 정하는 일이므로 두근두근 설레는 가슴으로 각각의 관람차에 실어넣어라(작은 동그라미, 중간 동그라미, 큰 동그라미로 그 안에 적어넣어도 된다. 내가 관람차라고 부르는 까닭은 돌아가는 이미지가 목표의 달성과 한데 어우러지면서 상상력을 키워주기 때문이다).

관람차 안에 실어넣을 것이 정해졌으면 '그 목표를 달성할 수 있는 근거'까지 되도록 많이 적어넣는다. 그것을 적는 이유는 자신을 설득하기 위해서다. 그러므로 여기서는 자기 중심적인 시점에서 자신을 칭찬하듯이 적어라.

예를 들면 과거 5년 동안 월간 최고 실적을 단 한 번밖에 올리지 못한 사람이라도 '나는 톱 세일즈맨이다' 라고 적는다. 성공을 거둔 기획 프로젝트에 팀원으로 가담한 적이 있으면 '내 아이디어가 기획을 성공시켰다' 라고 적는다. 그렇다고 거짓말을 하라는 것은 아니다. 자신의 이미지를 높일 수 있도록 사실을 좀더 과장해서 적어도 괜찮다는 뜻인데 이 점이 아주 중요한 포인트이다.

나 역시 '증권회사에서 최고 실적을 올렸다' 라고 지금까지 몇 번이고 이 책에서 밝혀왔는데, 정확하게 말하자면 동기 직원 가운데서 최고 실적을 올렸을 따름이다. 그런데도 나는 뭔가 새로운 목표를 세울 때는 '달성할 수 있는 근거' 로서 늘 '증권회사에서 최고 실적을 올렸다' 라고 적는다.

내가 이런 식의 목표 설정법을 지도하고 있을 때, '중학교 시절, 육상대회에서 3위에 입상했다' 라는 내용을 적은 사람이 있었다. 관람차에 써넣은 목표와는 직접 관계가 없다 해도 그 내용을 보고 자신의 이미지가 높아진다면 그렇게 해도 상관없다. 다만 자신을 설득하기 위해 적는 것이므로 너무 오래된 일보다는 되도록 가까운 과거에 겪었던 일을 적는 편이 낫다. 아무튼 가급적 많이 적는 것이 좋다. '달성할 수 있는 근거' 가 많으면 많을수록 확신의 골은 깊어지고 목표 달성도 쉬워진다.

이어서 왜 그 목표를 달성하고 싶은지 동기를 적는다. 이때 중요한 것은 억지로라도 사명감(mission)을 가지는 일이다.

'다른 사람에게 도움이 되고 기쁨을 안겨주고 싶다.'

'연수입의 10퍼센트를 불우 아동의 교육비로 쓰고 싶다.'

그 사명은 자기가 마음속으로 진정 바라는 것이어야 한다. 이 목적을 위해서라면 하늘도 나를 도와줄 것이라고 여길 만한 사명을 어떻게든 지어내야 한다. 어떻게든 지어내야만 하는 까닭은 무엇일까? 그 이유는 여러분 자신이 가장 잘 알고 있을 것이다. 여러분은 대부분 사명감이라는 거창한 말을 입에 담아본 적이 없을 것이며, 종이에 적어본 적도 없을 것이다. 그렇기 때문에 지금 억지로라도 사명을 만들어서 그 내용을 종이에 적어넣어야 한다.

그런데 묘하게도 실제로 종이에 적어넣으면, 억지로 만든 사명인데도 진짜로 내게 부여된 사명 같은 느낌이 들어 마음까지도 뿌듯해진다.

● 빠르고 쉬운 목표 설정 방법_모델링 기법

세 가지 관람차를 내가 말한 대로 만들어보았는가? 자신의 꿈을 구체적인 목표로 설정하기가 어렵다고 느낀 사람은 이제부터 설명하는 '모델링 기법'을 활용하라.

모델링 기법이란 자기가 되고 싶어하는 인물을 설정하고 그를 모델로 삼는 방법이다. 다시 말해 모델로 삼은 사람에게 자신의 소망을 의탁하고 그 사람의 자취를 더듬어가며 자신의 목표로 정하는 일이다.

그러려면 우선 모델로 삼을 사람이 필요하다. 나는 두 번째로 전직한 Y사의 사장 K씨를 오랫동안 모델로 삼아왔다. 그는 나의 스승이자 목표 달성의 모델이기도 했다. 그는 나와 같은 홋카이도 출신이며, 톱 세일즈맨에서 컨설턴트로 변신하여 성공한 점만 들더라도 내가 추구하는 코스와 아주 흡사했다. 그래서 모델로 삼기에는 아주 적절한 인물이었다.

나는 철저하게 K씨가 성공해간 과정을 연구했다. 몇 살 때 어떤 사람을 스승으로 삼고 그 사람한테서 무엇을 배웠는가. 영업사원 시절에는 몇 살 때 무엇을 팔았으며 실적은 어땠는가. 창업은 몇 살 때 했고 그 과정은 어떠했는가. 창업한 뒤에는 어떻게 사업을 전개했고 그 과정에서 무엇을 배웠는가……?

아무튼 K씨와 관련된 정보는 무엇이든 수중에 넣었다. 저서, 잡지기사, 비디오나 CD 등도 빠짐없이 모아놓고 내 머릿속을 온통 K씨의 정보로 가득 채웠다. 그러나 무엇보다도 가장 좋은 방법은 그 사람과 직접 대면하여 배우는 것이다. 직접 이야기를 들을 기회가 왔을 때, 나는 5년 뒤의 내 나이 시절에 K씨가 어떤 위치에서 무엇을 했는지 중점적으로 물었다. K씨는 왜 그런 것을 묻는지 매우 의아해했다. 그래서 나는 솔직하게 말했다.

"나는 사장님처럼 되고 싶습니다. 그래서 5년 뒤의 내 나이 때 사장님은 무엇을 했는지 알고 나서 그것을 목표로 삼으려고 합니다. 그 길을 따르기가 쉽지는 않겠지만 거기에 초점을 맞추려고 하니 제발 말씀해주십시오."

그러자 자세하게 알려주었다. 진정으로 성공한 사람은 자신의 성공체험이 남에게 어떤 영향을 미칠지 잘 알기 때문에 깍듯한 예로 진지하게 도움을 청하면 대부분은 응해주게 마련이다. 이런 식으로 정보를 수집했더니 그가 놓여 있던 환경, 그를 지원해준 동료, 자금력, 인맥 등 하나에서 열까지 자세하게 알 수 있었다.

그렇게 얻은 정보는 자신의 나이에 맞춰 목표를 설정하는 데 적절하게 활용하면 된다.

한 가지 예를 들어보자. 만약 자신이 지금 스물다섯 살이고 모델로 삼은 인물이 서른다섯 살에 성공했다면 그가 서른 살 때의 환경이나 실적을, 자신의 5년 뒤의 목표로 설정하는 것이다. 나는 지금 컨설팅 수수료를 하루에 50만 엔으로 설정해놓았는데, 이 금액도 본래는 K씨의 컨설팅 수수료를 참고하여 목표로 설정하고 달성하게 되었다.

이 방법을 쓰면 목표가 구체적으로 잡힐 뿐만 아니라 모델로 삼은 인물을 조사함으로써 목표를 달성하기까지의 과정도 한눈에 파악할 수 있다. 목표와 거기에 도달하는 과정이 명확해질수록 목표 달성에 더 많은 확신을 가질 수 있다.

그리고 자기 나이가 서른이 되었을 때 모델로 삼은 사람보다 더 좋은 성과를 얻었다면 최종 목표가 아무리 거창해도 꼭 달성할 수 있다는 자신감까지 붙게 된다.

04

'결과를 내는 힘'을
길러라!

다시 말해 자격이 있고 없음은 비즈니스력과 별로 관계가 없다는 말이다. 물론 자격이 있다는 것 자체로 높은 평가를 받을 만하기는 하다. 하지만 진정한 비즈니스력이란 '결과를 내는 힘'이다. 나는 그렇게 생각한다.

4 '결과를 내는 힘'을 길러라!

● 중요한 것은 '결과를 내는 힘'이다

성공철학은 자동차의 레이싱테크닉과 유사한 데가 있다. 기본적인 조작에서 드리프트 주행이나 액셀링 등 고도의 기술에 이르기까지 그 모든 것을 이론적으로는 성공철학에 접목할 수 있다.

그러나 한 번도 자동차를 운전한 적이 없는 사람이 책을 통해 열심히 레이싱테크닉을 공부한다고 해서 고도의 운전기술을 발휘할 수는 없다. 레이싱테크닉을 활용하여 자동차를 몰려면 최소한 운전은 할 수 있어야 한다는 것이 기본적인 전제조건이다. 주행실습을 정상적으로 받고 초보 딱지를 뗀 상태가 아니라면 플러스알파의 테크닉을 구사할 수 없다.

성공철학도 사실은 마찬가지다. 성공하겠다는 의지가 있다면, 어떤 세계에서의 성공을 지향하든 최소한 갖추고 있어야 할 '기본'이란 것이 있다. 그것이 바로 비즈니스 능력, 즉 '비즈니스력'이다. 비즈니스력이라는 말을 들으면 여러분은 어떤 생각이 가장 먼저 떠오르는가?

내가 아는 사람들은 대부분 어학이나 전문기술, 자격 등을 비즈니스력이라 간주하는 것 같다. 만약 그런 것들을 비즈니스력이라 한다면 나의 비즈니스력은 제로상태에 가깝다. 나에게는 특별한 기술도 자격도 없다. 아니, 그런 것이 있었으면 하는 바람조차 가진 적이 없다. 자격이라는 것은 피고용자들이 갖추면 된다고 생각하기 때문이다. 정 필요하다면 그런 요건이 갖춰져 있는 사람을 내가 고용하면 그만 아닌가.

증권회사에 다니던 시절, 나는 부자들을 관찰할 기회가 많았다. 그들이 외국어에 능통했을까? 자격증을 가지고 있었을까? 내가 아는 부자들 중, 자격증이나 기술이 있었으면 하고 바라는 사람은 거의 없었다. 외국인을 만날 때는 통역을 붙였고, 세금과 관계된 일은 세무사에게 맡겼으며, 주식투자 관련 문제는 펀드매니저한테 조언을 구했다.

이 사실을 여러분은 알고 있는가? 중소기업진단사 자격증을 가진 컨설턴트만 해도 현재 일본에 1만 8천 명 정도나 있다. 그러나 그들 중 자격증을 제대로 활용하는 사람은 소수에 불과하다. 물론 고소득을 올리는 사람도 없지는 않겠지만, 그들의 고소득은 중소기업진단사 자격증이 있어서가 아니라 '비즈니스력'을 갖추고 있기 때문이다.

나는 하루 50만 엔이라는 높은 컨설팅 수수료를 책정했는데도 고객의 발길이 끊이지 않기 때문에 신규 의뢰를 거절해야 하는 형편이다. 그런데도 중소기업진단사 자격증은커녕 가진 것이라고는 고작 운전면허증뿐이다.

다시 말해 자격이 있고 없음은 비즈니스력과 별로 관계가 없다는 말이다. 물론 자격이 있다는 것 자체로 높은 평가를 받을 만하기는 하다. 하지만 진정한 비즈니스력이란 '결과를 내는 힘'이다. 나는 그렇게 생각한다.

비즈니스력은 자신의 외형에 붙는 능력이 아니라, 자신의 내면에 갈고 닦여진 상태로 존재한다. 어학이나 자격증처럼 기술적인 능력을 쌓는 것도 물론 중요하다. 하지만 그보다는 '커다란 목표를 내걸고 그 목표를 달성하는 데 필요한 힘을 기르는 것'이 훨씬 더 중요하다. 어떤 분야에서 성공을 지향하든 이는 마찬가지다.

그렇다고 내가 어학공부에 전념하거나 자격증을 따기 위

한 노력 자체를 부정하는 것은 아니다. 실제로 나 역시 새로운 꿈의 실현을 위해 요즘 영어를 공부하느라 시간 가는 줄 모르게 지내고 있다.

● 눈앞의 작은 목표부터 달성하라

그렇다면 어떻게 해야 비즈니스력을 높일 수 있을까?

우선 자기가 세운 목표를 한순간이라도 소홀히 해서는 안 된다. 어떻게든 목표를 달성하고야 말겠다는 일념으로 전력을 기울여야 한다.

"고작 그것뿐이란 말인가?"라고 말하는 사람에게 몇 가지 질문을 하겠다. 당신은 오늘 하루의 목표를 세웠는가? 이번 주, 다음 주의 목표는 어떻게 하면 달성할 수 있다고 생각하는가? 3개월 뒤, 1년 뒤의 목표는 세워져 있는가? 그 목표를 100퍼센트 달성할 수 있겠는가?

"나는 영업직이 아니므로 목표 따위는 필요 없다"라는 식으로 말하는 사람이 의외로 많은 것 같다. 그러나 어떤 직종이든 목표는 설정할 수 있다. 경리직원이라면 오늘은 여기까지 전표 처리를 한다, 이번 주에는 절대로 실수를 하지 않는다, 외부에서 걸려온 전화를 남보다 먼저 받는다, 1시간에 처리할 수 있는 일의 양을 20퍼센트 늘린다 등 조금만 궁리하면 얼마든지 있다.

이런 목표는 여러분의 꿈과 직접 관계가 없을는지도 모른다. 또는 굳이 목표라고 내세울 만큼 대단한 것이 아닐지도 모른다.

그러나 나는 감히 단언한다. 작은 목표를 달성하지 못하는 사람은 커다란 목표 역시 결코 달성할 수 없다. 작은 결과만으로도 기뻐하는 사람이라면 당연히 커다란 결과도 이끌어 낼 수 있다.

내 경우에는 학창시절에 포르투갈어 학점을 취득한 것이 난생 처음 달성한 목표였다. 그 작은 목표를 달성했다는 자신감이 지금까지도 면면히 이어지고 있다.

하나하나의 목표를 달성하기 위해 얼마만큼의 노력을 기울일 수 있을까……. 이것이 가속성공을 하는 데 가장 필요한 조건이라는 점을 결코 잊지 말았으면 한다. 눈앞의 작은 목표 달성을 소홀히 하는 사람은 가속성공을 할 수 없다고 봐도 무방할 것이다.

● 일부로라도 전직을 자주 해본다

또 한 가지 비즈니스력을 높이는 가속성공의 방법이 있다.

바로 전직이다. 나는 증권회사에서 1년, 그 다음 X사에서 2년 반, 마지막으로 컨설팅 회사에서 가장 오래 버텼는데, 그래봤자 고작 3년 반이다.

내 아버지는 "참는 자에게 복이 있다지 않느냐"며 나의 전직을 항상 반대했다. 자식이 어디에서든 적응하지 못하는 것은 아닐까, 하는 염려스런 마음에 반대했음은 두말할 필요도 없으리라. 나 역시 한 회사에 오래 근무하다 보면 비즈니스력이 붙게 마련일 것이라고 생각했다. 그러면서도 부모나 아는 선배들의 반대를 무릅쓰고 내 마음이 움직이는 대로 전직을 되풀이했다. 물론 앞뒤 생각 없이 무조건 전직을 결정했던 것은 아니다. 전직을 한 데에는 내 나름의 '이유'와 '판단'이 있었다.

비즈니스력을 키우는 전직의 요령이 내게는 분명히 있었다. 전직하는 것도 가속성공의 한 방편이므로 명확한 목표 설정이 필요하다. 그 하나로, 자기가 놓인 위치에서 적어도 상위 5퍼센트에 들어가는 실적을 올려야 한다. 단지 일하기가 싫어졌다든가 마음에 안 드는 상사가 있어서라는 등의 하찮은 이유로 전직하는 것은 아무런 의미가 없다. 지금 근무하는 곳에서 확실한 결과를 내고 나서 새로운 직장에 도전하라는 말이다.

또 하나로, 기한을 정해야 한다. 내 경우는 직장 한 곳에서 뭔가를 배울 수 있는 기간은 고작 2년에서 3년이었다. 3년 이상 지나면 그 일에 어느 정도 숙달되기 때문에 더 이상 배울 것이 없게 된다.

비즈니스력을 향상시키기 위해 전직이 좋다고 말하는 까닭은, 다른 환경 속에서 새로운 도전을 할 수 있기 때문이다. 그러기 위해서라도 반드시 전직하기 전의 직장에서 상위 5퍼센트 안에 드는 결과를 낼 필요가 있다. 그 직장의 상사나 사장이, 다른 회사로 가지 않았으면 하고 바랄 정도의 결과를 내지 않으면 안 된다.

주변의 인정을 받고 월급도 오르게 되면 회사생활이 아주 편해진다. 하지만 월급이 오르는 그 시점에, 일부로라도 완전히 제로상태로 돌아가 전직을 고려하는 것이 올바른 경력관리를 하는 비결이다. 단기간에 빠르게 성공하기 위해서는 주변의 인정을 받고 있더라도 완전히 제로상태로 돌아가 새로운 세계로 뛰어들 필요가 있는 것이다. 그러기 위해서는 상당한 용기가 필요하겠지만 그것이 가장 빠르게 비즈니스력을 키우는 방법이다.

전직을 하는 것은 어떤 의미에서 자신을 시험대에 올리는 일이다. 게다가 전직할 때마다 나이가 점점 쌓여갈 테니 당연히 장애물도 점점 많아진다. 왜냐하면 전직한 회사에 근무하는 같은 연령대의 사람은, 그 직종에 대한 경험이 자기보다 많기 때문이다. 그렇기 때문에 일부로라도 제로상태에서 출발하여 고속으로 그 수준까지 뛰어오르기 위해 노력해야 한다. 그래야만 자신의 비즈니스력이 한층 더 향상될 수 있다.

이처럼 전직이 비즈니스력을 높이는 빠른 방법 중 하나인 것만큼은 분명하지만, 모든 사람에게 전직을 권하고 싶지는 않다. 지금 다니는 회사를 사랑하는 사람은 그 안에서 할 수 있는 다른 일을 찾아보거나, 규모가 큰 회사라면 부서를 옮기거나 해서 다른 업무에 도전하는 방법도 있다.

하지만 비즈니스력을 높이려면 어떤 경우라도 '결과를 낸 상태에서 새로운 환경에 도전하는 것'이 중요하다는 점만큼은 꼭 명심했으면 한다.

● 비즈니스력을 높이는 세 가지 기술

비즈니스력이란 '결과를 내는 힘'이라고 했다. 그러면 어떤 업종에서든 비즈니스력을 발휘하려면 구체적으로 어떤 기술을 익혀야 할까?

이 부분을 명확히 짚어보지 않으면 경력을 쌓는 속도가 가속되지 않는다. 어디에서든 필요하고 보탬이 되는 기술은 과연 무엇일까? 구체적으로 나는 다음 세 가지 능력을 꼽는다.

- 영업력
- 시간관리능력
- 단축 발상법

우선 첫 번째는 영업력이다. 이는 비즈니스력을 이루는 가장 기본적인 요소이다. 영업이란 커뮤니케이션이자 상대의 니즈를 파악하는 일이며 교섭하는 일이다. 바꿔 말하면 '전달하는 힘', '니즈를 파악하는 힘', '절충점을 찾는 힘'이라 할 수 있다.

엄청난 판매부수를 기록한 로버트 기요사키의 저서 『부자 아빠, 가난한 아빠』를 보면, 여성기자가 부자가 되기 위한 조언을 요청하는 대목이 있다. 그때 영업을 공부하라는 대답을 듣고 여성기자는 몹시 분노한다. 여성기자는 "영업사원이 될 생각은 추호도 없다"라며 로버트의 조언을 무시한다. 하지만 로버트의 진의는, 어떤 직종에서 성공을 바라든 가지고 있는 재능을 제대로 활용하지 못하는 사람은 영업을 공부해야만 기회가 주어진다는 점을 말하고 싶었던 것이다.

영업력을 기르는 지름길은 역시 실제로 영업을 해보는 수밖에는 없다. 전직도 좋지만 직장을 옮기는 것이 위험부담이 너무 크다고 생각하는 사람은 부업이나 주말창업이라는 수단으로 영업에 도전해볼 필요가 있다. 지금 그럴 처지가 못 되는 사람은 세미나나 책을 통해서라도 공부하라.

두 번째는 시간관리능력이다. 시간은 누구에게든 공평하게 하루 24시간씩 주어진다. 한정된 그 시간을 무엇을 위해 어떻게 사용할지 따져보는 것이 시간관리이다. 시간관리는 목표 설정과 밀접한 관계가 있다. 목표가 세워지고 그 목표를 달성하기 위해 무엇을 해야 할지 명확해지면 시간을 배분하는 우선순위가 저절로 정해진다. 만약 쓸데없이 시간만 허비하는 사람이 있다면 그 사람은 목표가 아직 명확하게 정해지지 않았을 가능성이 높다.

시간관리에 대해서는 제7장에서 구체적으로 다룰 것이므로 목표 설정과 관련해서 나중에 자세히 검토하기 바란다.

마지막으로 세 번째는 단축 발상법이다. 보통의 발상만으로는 단기간에 비즈니스력을 향상시킬 수 없다. 그러면 무엇을 기준으로 발상을 바꿔나가는 것이 좋을까? 나는 어떻게 하면 지금까지 30일 동안 해왔던 일을 단 10일 만에 해치울 수 있을지 그 방법을 생각하는 데서부터 출발했다. 한 달 걸리던 일을 열흘 만에 처리해야 하니 기존의 방법으로는 당연히 불가능하다.

사람은 하루가 다르게 성장하기 때문에 어느 정도는 시간을 줄일 수 있다. 회사에 따라서는 전년대비 120퍼센트 성장이라는 매출목표를 내걸기도 한다. 그러나 30일을 10일로 줄인다는 것은 성장률 300퍼센트라는, 상식을 좀 벗어난 목표이다. 그런데 상식에서 벗어날 정도의 커다란 목표를 내거는 것이 지름길을 발견하는 비결이기도 하다.

나는 과거에 복사기 판매 할당량이 월 열두 대였을 때 내 임의로 스물다섯 대로 목표를 정해놓고 스무 대 이상 판 적이 있다고 했다. 그때 내가 활용한 방법이 바로 이 단축 발상법이다. 120퍼센트 정도의 성장이라도 스스로 이루기 어려운 목표라고 생각하면 달성하기가 결코 쉽지 않다. 그러나 200퍼센트의 성장일지언정, 해낼 수 있다는 확고한 믿음만 있다면 지름길을 발견할 수 있고 마침내는 그 목표를 무난히 달성할 수 있다.

이처럼 늘 상식에서 벗어날 정도의 커다란 목표를 설정하고 남들과는 다른 '지름길'을 찾아내는 것, 이것이 바로 단축 발상법이다.

● 작은 세계에서 최고가 되라

어느 정도 비즈니스력을 갖춘 사람이 다음으로 나아가야 할 단계는 무엇일까?

그것은 최고가 되는 일이다. 두 번째가 되어서는 안 된다. 왜냐하면 1등과 2등 사이에는 하늘과 땅의 차이가 있기 때문이다.

'최고가 되라니, 나로서는 도저히 무리다…….' 물론 최고가 되는 것이 결코 쉬운 일은 아니다. 하지만 약간의 궁리만 하면 최고가 되는 길이 보인다.

앞에서 언급했듯이 '유능의 테'를 갈고 닦아서 '특화'하면 된다. 여러분도 알다시피 보험 세일즈맨으로서 최고가 되려면 고생이 이만저만이 아니다. 하지만 자신의 '유능의 테'를 갈고 닦아서 '특화'라는 지름길을 선택하면 3년 만에 최고가 될 수 있다.

그 방법은 이렇다. '그림'을 좋아하는 보험 세일즈맨이 있었다. 영업 재능은 평균점으로, 실적은 중상 수준에 머물러 있었다. 그러나 그는 '그림'이라는 자신의 '유능의 테'를 갈고 닦아서 톱 세일즈맨이 되었다. 그가 취급하는 상품은 보험이지 그림이 아니다. 하지만 그는 자신의 특기 분야인 그림을 누구보다도 열심히 연구했다. 원래부터 그림을 아주 좋아했기 때문에 외우기도 쉬웠고 배우는 것이 그다지 고생스럽게 느껴지지도 않았다.

그리고 그는 자신과 마찬가지로 그림을 좋아하는 사람만 고객으로 삼았다. 이렇게 취미가 같은 사람끼리 만나니 영업하기가 한결 쉬워졌다. 게다가 그는 늘 그림에 관해 연구하기 때문에 고객이 원하는 정보를 필요한 시간에 제공할 수 있었다. 그러다 보니 신뢰도 쌓이고 다른 사람을 소개받는 일도 많아졌다. 결국 그는 그림을 매개로 자신을 특화하여 영향력 있는 고객을 사로잡고, 그들의 소개를 받아 톱 세일즈맨의 반열에 올라서게 되었다.

또 한 사람, 병원을 개업한 의사에 특화하여 성공한 보험 세일즈맨의 예를 들어보자. 그는 3년 동안 열심히 노력했는데도 중하의 실적을 벗어나지 못한 보험 세일즈맨이었다.

어떻게든 최고가 되겠다고 작정한 그는, 심사숙고 끝에 병원을 개업한 의사를 타깃고객으로 삼기로 했다. 그리고 병원을 개업한 의사에 대해 철저하게 연구했다. 그들이 몇 시쯤 일어나고, 어떤 잡지를 즐겨 읽으며, 취미는 주로 무엇이고, 소득은 어느 정도이고, 대체로 무슨 고민거리를 안고 있는가. 아무튼 2년이라는 세월 동안 철저하게 그들에 대해 조사하고 연구했다. 그 동안의 실적은 당연히 중하의 수준을 벗어나지 못했다.

그는 우선 병원을 개업한 의사들에게 도움이 될 만한 세금 절약과 관련 있는 보험 상품을 제안하는 데 초점을 맞추었다. 새롭게 병원을 차린 의사는 늘 시간에 쫓기므로 세금에 관해 생각할 여유가 없다. 그래서 조금만 요령을 알면 구태여 내지 않아도 될 세금을 내는 사람들이 많다. 그는 이런 점에 착안하여 이른바 '절세 관련 재테크' 서비스를 펼치기 시작했다. 병원에 들르면 어김없이 절세 관련 정보가 적힌 안내서를 두고 나왔다. 그러자 병원을 차린 의사들 사이에서는 '그 사람을 만나면 이야기도 잘 통하고 보험 가입을 통해 연간 300만 엔이나 세금을 절약할 수 있다더라' 라는 말이 떠돌게 되었다. 그때부터 그의 실적은 비약적으로 뛰어올랐다. 어떤 대학병원에서는 직원의 3분의 1이 그에게 보험을 들었을 뿐만 아니라 그 대학을 졸업한 의사 전원이 그의 고객이 되었다고 한다.

위 두 사람의 예에서 볼 수 있듯이 특정 분야에 집중하면 실적을 비약적으로 끌어올릴 수 있다. 이때의 포인트는, 전문분야를 좁혀서 철저하게 연구하고 그 정보를 바탕으로 타깃고객의 니즈를 남보다 앞서서 충족시켜주어야 한다는 점이다.

위의 두 가지 예처럼 경쟁상대가 생길 수 없을 정도로 타깃층을 좁히는 것이 중요하다. 그리고 그 작은 세계에서 최고가 되면 엄청난 성과를 올릴 수 있다.

● 타깃층을 좁히는 과정에서 주의할 점

자신의 스위트 스폿을 좁혀서 특화할 때 주의해야 할 점이 한 가지 있다.

특화하려는 영역에 자기가 싫어하는 요소가 포함되어 있지 않은가, 하는 점이다. 스위트 스폿이란 분명 자기가 좋아하고 잘 하는 일이어서 가슴을 두근거리게 만드는 측면이 있다. 하지만 비즈니스에 결부시키다 보니 부득이 자기가 싫어하는 요소까지 포함시켰다가 결국에는 실패의 쓴맛을 보는 사람도 있다.

골프를 아주 좋아하는 한 사람이 있었다. 하지만 그에게는 프로 골프선수가 될 정도의 재능은 없었다. 그는 온갖 생각 끝에 자신의 '유능의 테'인 골프 지식을 활용하여 중고 골프용품을 취급하는 프랜차이즈 사업을 시작했다. '유능의 테'를 활용하여 사업을 벌인 셈이지만 유감스럽게도 결과는 좋지 못했다.

왜 그랬다고 생각하는가? 사실을 말하자면 그는 손님을 접대하는 데 아주 서툴렀다. 골프용품을 파는 일을 하면서도 사람과 대화하기를 꺼려하는 타입이라 스트레스만 가득 안은 채 의욕을 잃고 말았다. 그러니 사업에 성공할 리가 없었다. 그의 '유능의 테'는 충분히 갈고 닦여져 있었다. 골프나 골프용품에 관해서도 남에게 뒤지지 않을 만큼 박식했다. 하지만 그런 지식을 남에게 전하는 일에는 흥미를 느끼지 못했던 것이다.

따라서 자신의 무능의 테까지 분명히 파악하고 있지 않으면 안 된다. 같은 골프 관련 일을 하더라도 그는 사람과 접촉할 일이 없는 비즈니스를 선택했어야 옳았다.

이처럼 자기가 하고 싶은 일, 좋아하는 일을 아는 것과 마

찬가지로 자기가 싫어하는 일이 무엇인지 파악해두는 것도
중요하다.

● 창업으로 성공하고 싶다면 세 개의 캐시 포인트를 정하라

자신의 '유능의 테'를 갈고 닦아 스위트 스폿을 특화한다
면 5년 만에 연수입을 3배로 늘리는 것은 사실 그다지 어려
운 일이 아니다. 그러기 위해서는 우선 '캐시 포인트'를 확
실하게 정해놓을 필요가 있다.

캐시 포인트란 돈이 들어오는 창구를 말한다. 여기서 중요
한 것은 창업하는 최초의 시점에 규모는 작아도 상관없으니
세 가지의 캐시 포인트를 마련해놓아야 하는 점이다. 그 세
가지는 모두 자신의 '유능의 테'와 관련이 있어야 하되, 수
입원은 제각각 달라야 한다. 수입원을 달리 하라고 해서 고
객층을 두텁게 확보하라는 말은 아니다. 세 가지 이상의 비
즈니스를 전개해야 한다는 뜻이다.

나는 처음 창업했을 때 인재 소개업(헤드헌팅), 소프트웨어
판매업, 컨설팅업이라는 3가지 캐시 포인트를 마련해놓았

다. 하나같이 나의 '유능의 테'인 '영업력'을 활용하는 비즈니스이지만 안을 들여다보면 사업 내용이나 대상고객이 모두 제각각이다.

창업 당시에는 어떤 사업이 잘 될지 알 수 없다. 솔직히 고백하자면 나는 인재 소개업이 가장 성장 가능성이 있을 것으로 내다봤다. 그래서 거기에 더 많은 돈을 들이고 시간도 70퍼센트나 할애했다. 그러나 결과를 미리 말하자면 그 사업을 통해 벌어들인 수익은 거의 제로에 가깝다.

그런데 처음부터 큰 기대를 하지 않았던 컨설팅업이 폭발적으로 커나갔다. 내가 장담했던 인재 소개업 하나에만 의존하여 창업했다면, 나는 이미 오래 전에 실패자의 대열에 합류했을지도 모른다.

창업해서 실패하는 사람의 유형은 대부분 이런 경우이다. 예를 들어 요리에 자신 있는 사람이 레스토랑 하나로만 승부를 건다면, 어느 날 갑자기 고객의 발길이 뚝 끊어질 때 그것으로 모든 게 끝이다. 남은 것이라곤 인테리어를 위해 끌어들인 대출금뿐이라는 비참한 처지에 놓이고 만다. 그러나 레스토랑과 동시에 요리교실을 열고, 독창적인 소스를 만들어 파는 등 세 가지 사업을 병행한다면 어떻게 될까?

사업을 처음 시작할 때 자기가 자신 있다고 생각하는 분야가 반드시 현실과 맞아떨어진다는 보장은 없다. 레스토랑이 망하고 요리교실이 흥할지도 모른다. '설마, 이 사업이 이렇게 잘 될지는 생각지도 못했다' 는 말을, 성공한 사람으로부터 자주 듣는다. 실제로 나 역시 그런 사람 중 하나이다.

규모를 작게 시작하면 세 가지 사업을 동시에 벌일 수도 있다. 단, 업종이 제각각 다르더라도 모두가 동일한 '유능의 테' 를 활용한 비즈니스여야 한다. 그리고 가능성이 엿보이는 비즈니스에 전력을 쏟아 부어야 한다. 즉 언제라도 방향을 바꿀 수 있는 유연한 자세가 창업을 통해 가속성공할 수 있는 비결인 것이다.

05

확신은 '불가능' 을
'가능' 으로 바꿔주는 힘이다!

마돈나도, 모리타도 자기는 절대로 이 방식을 고집한다, 거기에 맞지 않는 조건
은 쳐다보지도 않는다며 전혀 의지를 꺾지 않았다. 그들이 자신의 고집을 관철
할 수 있었던 까닭은, 아직 실현되지 않은 훗날의 성공을 확신하고 있었기 때문
이다.

5

확신은 '불가능'을 '가능'으로
바꿔주는 힘이다!

● 학창시절에 배운 '성공 6개조'

대학 시절의 같은 과 친구들과 오랜만에 만나서 이야기를
나누었을 때의 일이다. 친구들이 나에게 한마디씩 했다.

"이봐, 자네 요즘 아주 잘 나간다며?"

"아버지 회사라도 물려받았나 보지?"

"자넨 참으로 운을 타고 난 게야!"

그 친구들은 대학을 졸업한 뒤 취직한 회사에서 계속 근무
하고 있었다. 월급이 오르지 않는다며 투덜거리는 친구가
있는가 하면, 최근에 보너스를 받지 못해서 몹시 쪼들린다
는 친구도 있었다. 같은 대학, 같은 과에서 공부하고 똑같이
회사원으로 출발했는데 졸업한 지 8년이 지난 뒤의 생활은

크게 달랐다.

 나는 그들의 질문에 대답했다. "아니, 그렇지 않아. 내가 성공한 까닭은 교수한테 배운 '성공 6개조'를 믿었기 때문이지."

 친구들은 고개를 갸웃거렸다. "성공 6개조? 그러고 보니 그런 게 있었던 것 같은데." 나와 친구들이 서로 다른 길을 갔던 까닭은 바로 거기서 찾을 수 있다. '성공 6개조'를 믿었는지 안 믿었는지의 차이가 어쩌면 가장 근본적인 이유일지도 모른다.

 대학 시절, 경영학과의 모리오카 마사노리 교수의 수업에 참가했을 때의 일이다. 내가 두 번째로 만난 성공한 사람이라 할 수 있는 모리오카 교수는, 그 당시 이토추상사의 고문직을 맡으며 출강하고 있었다. 브라질에서 I씨를 만나 성공철학에 처음 눈뜨게 된 나를 이끌어준 사람이 나의 대학 은사인 모리오카 교수였다. 그는 어떤 경우라도 결코 부정적인 말을 입에 담지 않는, 아주 멋진 사람이었다.

 교육의 외길만 걸어가는 다른 교수와는 달리 실무 세계에서도 영향력을 키워온 모리오카 교수는 성공한 사람의 구체적인 이미지를 나에게 시사해주었다. 그리고 책은 어떻게 읽고 공부는 어떤 요령으로 하며, 경영자는 무슨 기준으로

의사결정을 하고 사람은 어떻게 부리는지 등 경험자가 아니고서는 해줄 수 없는 많은 것을 알려주었다. 그 모리오카 교수가 수업 중에 우리들에게 가르쳐주었던 것이 '성공 6개조'이다. 내용은 다음과 같다.

① 어떠한 경우라도 사물을 긍정적으로 바라본다.
② 한 걸음이든 두 걸음이든 항상 전진만을 생각한다. 그러기 위해서는 노력을 아끼지 말아야 한다.
③ 인생에 대한 명확한 목적의식을 한시라도 잊어서는 안 된다.
④ 자신을 믿고 다른 사람의 부정적인 언행에 현혹되지 않는다.
⑤ 큰일을 앞두고 실패를 두려워하지 않는다. 반드시 성공한다고 확신한다.
⑥ 훗날의 바람직한 자기 모습을 수시로 상상한다. 그리고 상상한 대로 될 수 있다는 확신을 갖는다.

'성공 6개조'는 모리오카 교수가 성공한 사람의 공통적인 특징을 정리해놓은 것이다. 나는 '성공 6개조'를 믿고 날마다 노래처럼 외우고 다녔다. 눈에 띄는 곳에 붙여놓고 수시로 들여다보았으며, 회사를 설립하고 나서는 직원들에게도 널리 알려주었다. 그 덕분에 나는 영업사원으로 성공했으며 창업해서도 성공했다고 확신하고 있다.

● 긍정적 사고방식의 마력

유익한 말을 같이 들었는데도 성공하는 사람과 그렇지 못한 사람이 있다. '이 차이는 어디에서 비롯되는가' 하는 점이 내게는 아주 커다란 관심사였다. 내 회사의 직원이나 고객 등 수많은 사람의 성공과 직접 관련이 있기 때문이다. 나는 현재 메일매거진을 제외하더라도 어떤 형태로든 약 150명 남짓 되는 사람에게 인생을 풍요롭게 사는 법에 대한 조언을 하고 있다. 그 중에는 얼마 안 가서 성공하는 사람도 있지만 반년이 지나도록 전혀 변화의 조짐을 보이지 않는 사람도 있다.

그 차이는, 저마다 달리 겪은 경험을 본인이 어떻게 받아들이는가에 따라 나타나는 것 같다. 다시 말해서 과거의 성공체험과 실패체험을, 본인이 어떻게 해석하는가에 따라 차이가 발생한다는 뜻이다. 그렇다면 사물을 받아들이는 해석의 차이는 무엇 때문에 생길까?

그 이유를 설명할 수 있는 아주 적절한 예가 하나 있다. '고주망태 아버지를 둔 두 아이' 라는 제목의 아주 재미있는 이야기이다. 어떤 마을에 술이라면 사족을 못 쓰는 사내가 있었다. 그 사람한테는 아들 쌍둥이가 있었다. 그 둘은 아버지가 날마다 술을 마시고는 어머니에게 폭력을 일삼는, 아주 열악한 환경에서 자랐다.

이윽고 쌍둥이 형제는 어른이 되어 서로 다른 길을 가게 된다. 한 사람은 변호사가 된 반면 또 한 사람은 아버지와 다를 바 없는 술꾼이 되었다. 똑같은 환경에서 자랐는데도 전혀 다른 길을 걷게 된 두 사람에게 왜 그 길을 선택했냐고 물어보았다. 그러자 대답의 첫 마디는 두 사람 다 똑같았다. "그야 당연하지 않겠느냐!" 라는 말이었다.

변호사가 된 아들은, "항상 술에 취해 있는 아버지를 보면서 나중에 커서 나와 비슷한 환경에서 어려움을 겪는 아이들을 돕고 싶었다" 라며 변호사가 된 이유에 대해 설명을 덧붙였다. 한편 술꾼이 된 아들은, "아버지가 노상 이런 모습만 보이셨으니 내가 무슨 용빼는 재주가 있는감. 나도 이렇게 될 수밖에" 하고 말했다.

이 이야기에서 보듯이 미래는 환경에 의해 정해지지 않는다. 자기가 놓여 있는 환경에서 무엇을 느끼고, 무엇을 믿고, 무엇을 선택하는가가 바로 개개인의 자질이라고 말하는 사람까지 있다.

하지만 나는 그 차이가 자질 때문에 생긴다고는 보지 않는다. 나 자신이 아주 부정적인 사고를 가졌다가 어느 순간에 긍정적인 사고로 전환했던 경험이 있기 때문이다.

나는 18살 때까지 나 자신은 무엇을 해도 풀리는 일이 없는 사람이라고 생각했다. 실제로 무슨 일을 해도 제대로 풀린 적인 단 한 번도 없었다. 나는 운동도 못했고, 공부도 못했고, 노래도 못했다. 온통 못하는 것뿐이니 뭔가를 새로 시작하려 해도 미리부터 늘 부정적인 결과만 떠올랐다. 그러다가 브라질 유학 중에, 성공한 사람 축에 드는 I씨를 만나고부터 깨닫게 되었다. '할 수 없다'고 생각하기 때문에 불가능했을 뿐이지 '할 수 있다'고 생각하면 가능해진다는 사실을. 그때부터 내 사고방식에 커다란 변화가 생겼다. 그리고 내 인생도 180도 바뀌었다.

아주 중요한 말이므로 한 번 더 강조하겠다. '할 수 있는 사람'과 '할 수 없는 사람'의 차이는, '할 수 있다'고 생각하는 사람인지 '할 수 없다'고 생각하는 사람인지의 차이에서 비롯된다.

"말로 하기는 쉬워도 실제로 말처럼 행동하기는 아주 어렵다." 사람들은 대부분 이렇게 말을 한다. 이처럼 책을 통해 인생을 성공으로 이끌어주는 지혜에 접하더라도 사람들은 대부분 자기는 할 수 없다고 생각하는 경향이 있다. 그런 사람에게 나는 이런 말을 해주고 싶다. "말로 하기는 쉬우니 우선 말이라도 한껏 외쳐보시오."

서른한 살에 불과한 내가 성공한 사람 축에 낄 수 있었던 까닭은 대학 시절의 은사가 가르쳐준 '성공 6개조'를 하루도 빼먹지 않고 외치고 다녔기 때문이라는 점에 주목했으면 한다. 그렇다. 말은 곧 힘이니, 같은 말을 계속 외치고 다니면 그 힘은 엄청나게 커질 수밖에 없다.

● 아놀드 슈왈츠제너거 이론이란?

모리오카 교수의 '성공 6개조'는, 그가 성공한 사람들을 연구하여 공통되는 특징을 여섯 가지로 정리한 것이다. 그런데 그 내용을 깊이 음미해보면 여섯 가지 모두 어떤 하나의 힘에 바탕을 두고 있음을 알 수 있다.

그 하나란 '소원은 이루어진다'고 믿는 힘이다. 소원이 실현되리라고 믿기 때문에 어떤 경우라도 사물을 긍정적으로 바라볼 수 있으며 노력을 아끼지 않을 수도 있다. 인생의 목적의식을 잃어버리지 않는 것도, 다른 사람의 부정적인 언행에 휘둘리지 않는 것도, 사실은 자신의 소원이 반드시 실현될 거라고 믿기 때문이다.

나는 이렇게 소원이 실현된다고 믿는 힘을 가리켜, '아놀드 슈왈츠제너거 이론'이라고 부른다. 아놀드 슈왈츠제너거는 영화 「터미네이터」 시리즈로 널리 알려진 할리우드의 액션배우이다. 지금은 캘리포니아 주지사로 일하고 있지만, 한때 영화 한 편 당 그의 출연료는 3천만 달러에 이르기도 했다.

하지만 그런 슈왈츠제너거에게도 누구 하나 거들떠보지 않던 삼류배우 시절이 있었다. 두 번째 영화도, 세 번째 영화도 흥행에는 완전히 실패했다. 그런 시기에 신문기자 한 사람이 그를 인터뷰했다.

"당신이 궁극적으로 되고자 하는 것은 무엇입니까?"

"나는 할리우드의 대스타가 될 것이오."

그의 대답에 신문기자는 무심코 피식 웃음을 짓고 말았다. 그도 그럴 것이 온몸이 근육질인 그는, 당시의 정서로 볼 때 영화배우로서는 어울리지 않는다는 평판이 자자했고 연기

력도 형편없어서 도저히 대스타가 되리라고는 생각조차 할 수 없었다. 신문기자는 대뜸 "당신은 지금껏 세 작품에 출연지만 하나같이 흥행에는 실패했소. 그러니 스타를 꿈꾸는 것은 무리가 아닐까요"라며 핀잔을 주었다.

그러나 아놀드 슈왈츠제너거는 조금도 기가 죽지 않았다. "아니오. 나는 꼭 스타가 될 거요. 기자양반은 알고 있소? 나는 보디빌더 챔피언이 되겠다고 작정하고 그런 이미지를 그리며 살다가 마침내 챔피언이 되었소." 그는 신이 난 듯 말을 이어갔다. "지금도 같은 방법을 쓰고 있지요. 지금은 1천만 달러 스타가 될 일만 생각하고 날마다 노력하고 있소. 하루도 빼먹지 않고 그런 이미지를 그리고 있으니 나는 꼭 스타가 될 것이외다."

이 인터뷰가 있은 지 4년 뒤 그는 영화 한 편당 1천만 달러를 받는 스타가 되었다. 신문기자는 깜짝 놀라 또 다시 인터뷰를 요청했다. 과거에 자기가 비웃던 삼류배우가 불과 4년 만에 호언장담했던 대로 대스타가 되었는데, 정작 본인은 여전히 신문기자에서 벗어나지 못하고 있었기 때문이다. 슈왈츠제너거는 웃으면서 말을 건넸다. "말했던 그대로 되었소이다. 나는 이미지를 그리고, 믿고, 노력을 해왔소. 스타가 못 된다면 그게 이상한 일 아니오?"

그 두 번의 인터뷰로 신문기자의 인생도 크게 바뀌었다. 그 신문기자의 이름은 스티브 챈드라인데, 그는 오래 전부터 꿈꿔왔던 자기계발 비즈니스의 길로 들어서서 크게 성공했다고 한다.

아놀드 슈왈츠제너거에게서 우리가 배울 수 있는 것은 무언가 목표를 달성했던 경험은 그 이후에도 계속 자신감으로 이어진다는 점이다.

유럽의 한 재벌은 어떻게 성공할 수 있었느냐는 질문을 받고, "젊었을 때 군대에서 암호를 해독하는 데 성공했던 경험이 있었기 때문이다"라고 대답했다. 그는 군대에서 암호 해독하는 일을 할 때, 암호를 풀지 못하면 가족과 조국을 모두 잃어버린다는 위기상황에 직면한 적이 있었다. 암호 해독은 혼자서 하는 일이 아니다. 그 역시 팀의 일원으로 해독 작업에 가담했는데 최종기한이 닥쳐오는데도 도무지 풀릴 기미가 보이지 않았다. 철야작업이 이어지는 동안 팀 동료들은 하나같이 두 손 두 발 다 들었는데도 오로지 그 사람 혼자만 포기하지 않았다. 그는 반드시 암호를 풀 수 있으리라는 믿음을 갖고 작업을 계속했다. 그 결과 아슬아슬한 순간에 암호를 해독해낼 수 있었고 조국과 가족을 구할 수 있었다. 그는 그 경험 때문에 자기가 재벌로서도 성공할 수 있었다고 말했던 것이다.

 사실 재벌이 되는 데는 암호 해독 경험이 아무런 도움도 되지 않는다. 그 사람이 말하고 싶었던 것은, 성공을 믿고 끝까지 일을 수행했던 경험이 '소원 실현을 믿는 힘'으로 작용하여 나중에 재벌이 되는 데 커다란 역할을 했다는 것이다.

 내가 스승으로 삼은 어떤 사람한테서, "톱 세일즈맨은 톱 세일즈맨이 되기 전부터 이미 톱 세일즈맨이다"라는 말을 들은 적이 있다. 이 말이 무슨 뜻일까?

 이 말은, 톱 세일즈맨이 되려는 사람은 이미 오래 전부터 톱 세일즈맨이 되기로 작정하고 머릿속에 늘 그런 이미지를 그리며 살고 있다는 뜻이다. 톱 세일즈맨이 된다고 확신하면 그 시점부터 그렇게 된 셈이나 마찬가지이다. '아놀드 슈왈츠제너거 이론'과 일맥상통하는 데가 있는 말이다. 슈왈츠제너거는 그 '확신'을 대스타가 되는 쪽으로 활용했고, 나는 그것을 소득 열 배로 올리는 쪽에 활용했을 뿐이다.

● 1,006번째 교섭 끝에 '오케이'를 받아낸 사람

자신의 성공을 굳게 믿고 성공을 거머쥔 사람은 얼마든지 있다.

세계적으로 유명한 켄터키 프라이드 치킨(KFC)의 커넬 샌더스도 자신의 성공을 확신하고 성공을 일궈낸 사람 중 하나이다. 그는 예순여섯 살 때 도산하고 자신의 전 재산을 깡그리 잃어버렸다. 켄터키 프라이드 치킨을 성공시킨 것은 그로부터 한참 뒤의 일이다.

당시 그는 집까지 빼앗기고 차 안에서 생활했다. 가진 것이라곤 알몸뚱이밖에 없는 상태에서 그는 프라이드 치킨의 제조법과 프랜차이즈 시스템을 판매하는 사업아이템을 생각해냈다. 그러나 그 당시만 해도 노하우에 돈을 지불하는 선례가 없었다. 그가 아무리 설명해도 이 뛰어난 사업아이템을 인정하고 참가하겠다는 사람이 없었다. 가는 곳마다 거절만 당할 뿐이었다. 그러나 수백 번 거절 당해도 그는 단한 번도 확신을 버리지 않았다. 그리고 1,006번째 교섭에서 마침내 '오케이'라는 말을 처음 들을 수 있었다.

그로부터 불과 1년 후, 켄터키 프라이드 치킨의 점포는 150곳으로 늘어났다. 그가 만약 1,005번째 거절을 당하고 그냥 포기했다면 지금의 성공은 없었을 것이다.

성공을 확신한다는 말을 입에 담기는 쉬워도, 진정 마음속으로 확신하기는 매우 어렵다. 게다가 곤경에 놓여서도 거기에 굴하지 않고 확신을 꿋꿋이 지켜내기는 더 어렵다. 확신을 끝끝내 잃지 않으려면 세 가지 관람차 부분에서 언급했듯이 자신을 긍정하는 근거를 되도록 많이 찾아내야 한다. 그리고 '성공 6개조' 같은 에너지가 넘치는 말을 끊임없이 반복함으로써 잠재의식에 불을 지피는 것이 중요하다.

그런데 아무리 애써도 확신을 갖기 힘든 사람은 어떻게 해야 할까? 소원 달성을 확신하기 위해서는 우선 '실적'을 만들어내야 한다. 노력을 통해서 얻은 실적이라면 무엇이든 상관없다. 아놀드 슈왈츠제너거의 경우는 보디빌딩 대회에서 우승한 경험이 그의 실적이었다. 유럽 재벌의 경우는 암호를 해독한 경험이 그의 실적이었다. 세 가지 관람차에 대해 설명하는 부분에서 중학교 시절 육상대회에서 3위를 했다고 적은 사람의 예를 들기도 했는데, 이 역시 그로서는 대단한 '실적'이었음에 틀림없다.

그리고 세 가지 관람차를 정해놓고 크기가 가장 작은 소형 관람차만 돌리면 중형이나 대형 관람차도 쉽게 돌아간다는 말을 한 적이 있다. 내가 그런 말을 할 수 있었던 까닭은, 바로 그 소형 관람차가 성공체험이라는 '실적'이나 마찬가지

이기 때문이다.

● 인생의 전환점이 된 '3일간의 밤샘공부'

돌이켜보면 나에게도, 작지만 아주 중요한 의미를 갖는 성공체험이 있다.

대학 1학년 때의 일이다. 대학에 갓 입학했을 당시만 해도, 나는 재수한 보람도 없이 원하던 대학에 들어가지 못해 무척이나 의기소침하게 지내고 있었다. 내가 다니던 대학에서는 외국어를 자유롭게 고를 수 있었기에 나는 제2외국어로 포르투갈어를 선택했다. 포르투갈어를 선택한 이유는, 포르투갈어 교수가 학점을 아주 후하게 준다는 말을 선배한테 들었기 때문이다.

그런데 그해부터 포르투갈어 교수가 교체되고 말았다. 담당 교수는 둘이 있었지만 내가 선택한 교수는 아주 엄격한 사람으로, 그는 성적이 나쁘면 가차 없이 낙제를 시키겠다고 첫 수업 때부터 두 눈을 부라리며 엄포를 놓았다. 새파랗게 질린 나는 학생과를 찾아가 과목 변경을 신청했지만 받아들여지지 않았다.

수업을 아무리 열심히 들어도 이해가 되지 않았고 그대로 가다가는 학점을 따지 못해 유급을 당할 수도 있는 상황이었다. 1년 재수해서 겨우 대학에 들어왔는데 1학년 때부터 낙제를 한다면 학비를 대주느라 고생하시는 부모님을 무슨 낯으로 대하겠는가.

어떤 식으로든 낙제만은 면해야 할 텐데……. 이런 걱정 때문에 나는 시험 보기 전 꼬박 3일 동안 난생 처음으로 밤샘 공부를 했다. 졸음이 오면 진한 커피를 타서 마시고 어떻게든 3일만 버티자며 공부에만 전념했다.

시험 당일 문제는 그럭저럭 빠짐없이 풀었지만 과연 낙제를 면할 수 있을지는 미지수였다. F학점만 면하면 된다며, 정말이지 기도하는 심정으로 결과가 나오기만 기다렸다.

그런데 참으로 뜻밖의 결과가 나왔다. 신학기가 되어 합격자와 추가시험 응시자를 발표했는데, "지난번 시험에서 딱 한 사람이 만점을 받았다"라고 교수가 말하는 것이었다.

"참으로 대단한 놈이로군!" 하며 남의 일이려니 생각하고 있었는데 그 사람이 바로 내가 아니던가! 게다가 또 다른 교수가 담당한 포르투갈어 수업을 통틀어도 나 혼자만 최고 성적인 만점을 받았다고 했다. 나는 정신을 잃을 지경이었다.

그 일이 있은 뒤 포르투갈어 교수인 다카하시는 나를 브라질 교환 유학생으로 추천해주었다. 다카하시 교수님의 지도 덕분에 나는 난생 처음으로 성공체험이라는 것을 실감할 수 있었다.

지금 나의 성공은 사실 그 당시의 작은 성공체험이 발판이 되었다고 볼 수 있다. 그 3일 동안의 밤샘공부가 없었다면, 그리고 다카하시 교수님이 나를 교환 유학생으로 추천해주지 않았다면, 나는 브라질에서 만나 스승으로 삼게 된 I씨를 만나지도 못했을 것이다. 그런 이유로 나는 지금도 다카하시 교수님께 늘 감사하며 지내고 있다.

당시에 내가 그토록 열심히 공부했던 이유는 낙제를 면해야 한다는 두려움 때문이기도 했지만 포르투갈어에 대한 다카하시 교수님의 강렬한 열의가 내 마음을 움직였기 때문이기도 하다. 포르투갈어 교수의 기백과 열의가 무능한 인간이라는 생각에만 억눌려 있던 나에게 생명의 불을 지펴주었던 것이다.

● 미래를 확신하는 힘이 현실을 뒤바꾼다

미국의 톱스타인 마돈나도 자신의 성공을 확신하여 성공했던 사람 중 한 명이다.

그녀는 무명시절부터 주연이 아니라면 그 어디에도 출연하지 않겠다는 원칙을 정해놓았다. 마돈나는 본래 포르노 배우였다. 하루는 메이저급 영화사로부터 출연 제의가 들어왔는데, 그녀는 일언지하에 거절했다. 주연이 아니라는 이유에서였다.

포르노 배우가 일반 영화에 출연할 기회를 얻기란 그야말로 하늘의 별 따기라 할 수 있다. 수많은 포르노 배우들이 메이저급 작품에 출연할 기회를 학수고대하고 있다. 주연이 아니라는 이유로 메이저급 영화 출연 제의를 거절할 포르노 배우는 아마 없을 것이다. 하지만 주연이 주어질 때에만 영화에 출연하겠다고 다짐해놓았기에 그녀는 그 제의를 과감히 거절했던 것이다. 그로부터 1년 동안 그녀에게는 아무런 출연 제의도 들어오지 않았다. 그러나 확실한 믿음을 갖고 계속 기다렸다. 1년 뒤 한 영화사에서 주연을 맡아달라며 제의해왔다. 이로써 그녀는 성공으로 향하는 길로 한 계단 뛰어오르게 되었다.

소니의 모리타 아키오도 회사의 성공을 확신하지 않은 날이 단 하루도 없었다.

모리타가 자사의 회심작인 최소형 트랜지스터라디오 판매를 위해 미국으로 건너간 때는 소니가 아직 도쿄통신공업이라는 사명을 떼어내지 못하던 초창기 시절이었다. 모리타는 미국의 유명 편의점에 가서 자사의 트랜지스터라디오를 팔고 싶다고 말했다. 그 회사도 제품이 뛰어나다는 점은 인정했다. 그러나 지명도가 낮은 일본제품을 그냥 팔기는 어렵다고 하면서 자기네 상표를 붙인다면 고려해보겠다는 조건을 제시했다. 그 편의점은 미국 전역에 판매망을 갖춘 거대기업이었다. 편의점에서 물건만 받아준다면 회사 이름이야 어찌되었든 막대한 수익을 벌어들이게 될 것은 분명했다.

하지만 모리타는 그 조건을 뿌리치고 직접 시장을 개척해서라도 자회사 브랜드로 팔겠다는 고집을 굽히지 않았다. 그 후 모리타는 미국에 진출 한 지 3년 만에 소니를 미국 전역에서 인정하는 브랜드 중 하나로 키워나갔다.

마돈나도, 모리타도 자기는 절대로 이 방식을 고집한다, 거기에 맞지 않는 조건은 쳐다보지도 않는다며 전혀 의지를 꺾지 않았다. 그들이 자신의 고집을 관철할 수 있었던 까닭은, 아직 실현되지 않은 훗날의 성공을 확신하고 있었기 때문이다.

진정한 브랜드는 강자라고 해서 거기에 빌붙지 않는다. 오직 자신의 미래와 선택을 믿고, 줄곧 성공을 확신한다. 그들이 확신했던 그대로 그들이 일류 브랜드가 된 것은 어쩌면 당연한 귀결이라 할 수 있다. 미래는 과거의 연장선 위에 있는 것이 아니라, 자신의 머릿속에 있기 때문이다.

믿음을 가지면 머릿속에 그린 이미지가 반드시 현실의 것이 된다. 그 흔들리지 않는 확신이야말로 마음이 해이해지는 것을 막고 여러분을 가속성공으로 이끌어줄 수 있다.

06
'무실패의 경험' 이
가장 큰 실패라는
점을 깨달아라!

이제 나는 확신을 갖고 말할 수 있다. 종이에 적어놓으면 반드시 실현되게 마련이라고. 하지만 마음속에서 진정으로 목표에 동의하지 못하면 그 목표는 실현되지 않는다. 그 다음으로 중요한 것은 목표 달성을 위해 행동하는 것이다. 행동 없이 성공은 있을 수 없다.

'무실패의 경험'이 가장 큰 실패라는 점을 깨달아라!

● 공부와 행동의 에너지 배분은 20 대 80으로

성공 프로그램을 구입하는 사람, 성공철학 서적을 사는 사람들은 모두 성공의 실마리를 찾겠다는 마음으로 아낌없이 돈을 지불한다. 하지만 그 사람들이 전부 성공하는 것은 아니다.

성공 프로그램이 나올 때마다 열심히 따라하는데도 성공과는 아주 거리가 먼 생활을 하는 사람도 있다. 책이 나쁘거나, 프로그램이 부실하기 때문은 아니다. 그렇다면 어째서 그런 일이 벌어질까?

대답은 간단하다. 그런 사람은 성공철학의 마니아에 불과하기 때문이다. 많은 정보를 수집하고 남보다 두 배 이상 공부하면서도, '배운 대로 실천한다'는 가장 기본적인 부분을 등한시하는 사람들이 많다. 아무리 열심히 공부해도 실천이 뒤따르지 않으면 공부하지 않은 것이나 마찬가지다.

나는 틈나는 대로 책을 사고 갖가지 성공 프로그램을 공부하지만, 그 내용을 실천하는 데는 그보다 훨씬 더 많은 시간을 들이고 있다. 단기간에 빠르게 성공하려면 애써 배운 내용, 즉 '가설'을 실천이라는 '검증' 작업을 통해 자신의 현실에 적용할 필요가 있다고 믿기 때문이다.

나는 공부에 20퍼센트, 행동에 80퍼센트의 에너지를 배분한다. 그만큼 행동이 중요하다. 나는 지금도 일주일의 목표를 설정하고 그것을 달성하기 위해 하루하루를 활기차게 보낸다. 그렇다고 일주일 단위로만 목표를 세우는 것은 아니다. 1년 후, 5년 후, 10년 후 등 중장기 목표에도 동시에 도전하고 있다.

성공이란 실천의 수와 양과 질이 많고 높을수록 가속화하는 법이다. 열심히 공부하는데도 성공하지 못하는 사람은 행동력이 모자라서 그런 것은 아닌지 확인해볼 필요가 있다. 책을 읽거나 세미나에 참가하는 것이 중요하다지만, 거기에만 머물러서는 아무런 의미가 없다. 실천을 향해 한 걸음 더 밟아나가는 용기가 필요하다.

만약 여러분이 창업으로 성공하고 싶다면 홈페이지 만드는 방법을 배우기보다는 직접 장사부터 시작해보는 것이 낫다. 일주일 안에 1만 엔이라는 돈을 번 경험이, 그저 지식만 늘리는 경우보다 훨씬 더 많은 것을 흡수할 수 있도록 도와준다.

그러나 사람들은 대부분 이런 작은 행동조차 기피하는 경향이 있다. 행동을 기피하는 이유는, 아마도 두려움 때문일 것이다. 그래서 단지 요령이 적힌 지침서만 있으면 된다고 생각한다. 지침서대로 따라하면 거의 아무런 위험부담 없이 1만 엔을 벌 수 있다고 생각하면서 그런 책만을 찾게 되는 것이다. 하지만 그런 책은 이 세상에 없다.

행동이 수반되지 않는 성공이란 아예 존재하지 않는다고 보는 편이 옳다.

● **루빅큐브 방식으로 두려움 몰아내기**

행동하기 위해서는 분명 용기가 필요하다.

특히 성공체험이 별로 없는 사람이라면 당연히 두려움이 앞설 수밖에 없다. 많은 사람들이 나에게 "도쿄 씨는 두려움 따위를 아예 느끼지 않는 것 같아요"라고 말하는데, 그것은 정말 천부당만부당한 소리다. 나 역시 늘 두려움을 느끼면서도 싸워 이겨내며 행동하고 있을 뿐이다. 내가 자주 사용하는 두려움 극복법은 '루빅큐브 방식'이라 하는데, 이 이름은 내가 임의로 붙인 것이다.

루빅큐브란 정육면체의 입체 퍼즐이다. 정육면체의 각 면은 9개의 작은 큐브로 분할되고 9개의 작은 큐브는 가로세로 3개씩 각 면으로 이동할 수 있다. 그래서 가로세로 임의로 회전시키면 처음에는 각 면마다 일정한 색깔로 정렬되어 있던 작은 큐브가 이리저리 어지럽게 흩어진다. 이렇게 뒤죽박죽된 작은 큐브를 본래대로 정렬하는 것이 루빅큐브를 가지고 노는 방법이다.

루빅큐브처럼 자기 안에 존재하는 갖가지 생각을 정리하여 두려움을 극복하고 행동력을 끌어내는 것이 '루빅큐브 방식'이다.

인간이 행동할 때 느끼는 두려움은 대부분 근거가 없다. 단지 그 행동을 하면 어느 정도의 위험이나 곤란을 겪어야 하는지 예측할 수 없는 점이 두려움을 조장할 따름이다. 위험도를 몰라서 느끼는 두려움이므로, 그 부분만 명확히 규명하면 두려움을 반 이상 줄일 수 있다. 그렇다면 위험도를 어떻게 명확히 규명하고 어떤 사고과정을 거쳐 행동으로 귀결시켜야 하는지 알아보자.

일례로 여러분이 5천 명의 청중을 모으는 대규모 이벤트를 계획하고 있다고 치자. 그리고 이벤트 당일까지는 불과 일주일밖에 남아 있지 않다. 그런데 지금 시점에서 확보된 청중 수는 목표의 절반에도 못 미치는 2천 명이다. 보통은 일주일밖에 남지 않았으니 이제는 글렀다며 포기하고 싶어지는 상황이다. 갖은 수를 다 써서 광고비를 투입할지, 아니면 이대로 그냥 밀고 나갈지 이제 결정하지 않으면 안 된다. 무턱대고 광고비를 지출했다가 더 큰 손해를 입을지도 모르기 때문이다.

그렇다면 '루빅큐브 방식'을 쓰면 어떻게 되는지 알아보자. 가장 먼저 해야 할 작업은, 루빅큐브가 6면으로 이루어졌듯이 그때그때의 상황을 여섯 가지로 나누어 생각하는 일이다.

우선 제1면은, '절반도 확보되지 않았다. 이 상태로는 위험하다'는 현재 상황의 파악이다. 부정적이기는 해도 현실은 현실로 받아들일 수밖에 없다.

제2면은, 제1면의 역발상이다. 그래도 '3천 명을 더 모을 가능성은 아직 남아 있다. 부족한 인원을 채우기 위해 할 수 있는 일을 강구해보자'고 생각한다.

제3면에서는, 제2면을 긍정적으로 발전시킨다. 예를 들면, '1천 명을 무료로 초대하는 아이디어가 떠올랐다. 그러면 확실하게 1천 석은 채울 수 있다. 이 1천 명은 이번 이벤트의 수익으로 직결되지는 않겠지만 나중에 이익으로 연결할 수 있는 방법을 궁리해보자'는 발상을 끌어낼 수도 있다.

제4, 5면은 위와 마찬가지로 더 좋은 방향으로 연쇄반응을 일으킬 수 있도록 사고를 발전시켜나간다. 가령, '이제 1천 명만 더 모으면 흑자를 낼 수 있다. 인터넷을 통해 타깃을 좁혀서 1천 명을 모으자', '이벤트를 성공시키면 나의 실적으로 이어지며 장차 더 큰 이벤트를 개최할 때 밑거름으로 작용한다' 같은 식으로 말이다.

그리고 마지막 제6면에서 최악의 시나리오를 생각한다. 즉, '더 이상 청중을 늘리지 못하면 이벤트는 적자를 낼 것이고 업계에서의 신용도 떨어진다. 앞으로 일을 해나가는 동안 여러 가지 측면에서 나쁜 영향을 미칠 것이다.'

이렇게 여섯 가지로 상황을 가정한 다음 청중을 모으기 위해 행동할지 말지를 스스로 결정하는 것이다. 다시 한 번 일목요연하게 정리해보자.

제1면-현재 상황을 수용(부정적인 상황을 수용)

제2면-제1면의 역발상

제3~5면-발상을 과감히 전개시키기(긍정적인 전개)

제6면-최악의 시나리오

위의 여섯 가지를 부정과 긍정으로 나누면 제1면과 제6면
이 부정, 제2~5면이 긍정이 되어 2대 1의 비율로 긍정적 측
면이 더 많다. 더욱이 최악의 시나리오까지 포함시킨 상태
에서의 2대 1이다.

긍정적인 측면이 많고 위험요소가 명확히 가려지면 차라
리 움직이는 편이 성공확률을 높인다는 확신이 선다. 그러
므로 이런 상태에서 할지 말지 결단을 해야 한다면 100퍼센
트 '하겠다'는 대답을 끌어낼 수 있다. 게다가 막연하기만
했던 위험요소가 명확해짐으로써 최악의 경우에 대해 미리
각오할 수 있다.

사람의 마음속에는 여러 가지 복잡한 생각이 혼돈상태로
뒤섞여 있다. 부정적인 감정이나 두려움, 전향적인 생각, 참
신한 아이디어, 그리고 소원과 꿈 등 복잡하게 뒤섞여 있는
생각의 더미들을, 마치 루빅큐브 놀이를 하듯이 하나하나
분류하여 정리해나가다 보면 복잡하게 엉켜 있는 생각들이

명확해진다.

 이처럼 '루빅큐브 방식'은 어지럽게 뒤엉켜 있는 마음속을 정리하여 명확하게 하는 작업이다. 명확화는 힘이다. 마음속을 깔끔하게 정리해 명확하게 함으로써 근거 없는 두려움을 물리치고 행동할 수 있게 되는 것이다.

● 이미지 트레이닝으로 두려움 극복하기

 나는 지금 하루에 두 번은 도산한다. 정확히 표현하자면 내 머릿속에는 늘 도산의 이미지가 도사리고 있다. 머릿속에 그린 이미지가 현실로 나타난다는 성공철학의 왕도를 생각하면 언뜻 모순처럼 여겨질 것이다. 그러나 사실은 이것이 내가 즐겨 사용하는 두려움을 극복하는 또 하나의 방법이다.

 나는 성공한 지 불과 2년밖에 되지 않는다. 지금은 모든 게 순조롭지만 사업을 하는 이상 위험요소는 항상 안고 가게 마련이다. 그러므로 최악의 경우로서 나는 늘 도산의 가능성도 염두에 두고 있다.

 그런 두려움이 자기 안에 도사리고 있는데도 억지로 긍정적인 이미지만 그리려는 노력은 사실상 무리다. 제3장에서도 언급했듯이 마음으로부터 동의하지 못하면 소원을 이룰 수 없다.

그래서 나는 내 안에 있는 부정적인 생각을 하나하나 따져보고 긍정적인 이미지를 그 위에 덧칠하는 방법을 쓰고 있다.

내 머릿속에는 한 대의 비디오와 몇 편의 비디오테이프가 항상 준비되어 있다. 나는 우선 '도산'이란 제목이 붙은 테이프를 골라 비디오에 넣고 재생버튼을 누른다. 유쾌하고 재미있는 영상이 당연히 아니기에, 나는 그저 B급 영화려니 생각하고 차분하게 마지막까지 다 본다. 그런 후 그 테이프를 꺼내 제 자리에 놓고 '성공'이란 제목이 붙은 테이프를 비디오에 넣고 재생버튼을 누른다. 이 테이프에는 내가 아주 근사한 모습으로 등장한다. 무슨 일을 벌이든 승승장구하며 성공으로 향하는 탄탄대로를 걷고 있다.

이렇게 일련의 이미지 트레이닝을 거치는 동안 나는 최악의 경우를 냉정하게 받아들이면서 긍정적인 사고로 전환해 갈 수 있다. '도산' 테이프를 비디오에서 꺼낼 때는 자기 안에 있던 두려움도 함께 끄집어낸다. 아무 생각 없이 그저 테이프만 끄집어내면 된다. 결코 버릴 필요는 없다. 그러고 나서 내 마음에 쏙 드는 '성공' 테이프를 즐거운 마음으로 보면 되는 것이다.

 그래도 두려움이 완전히 사라지지 않을 때는 '대포'를 사용한다. 이 경우에도 이미지의 힘을 빌린다. 우선 자기 안에 있는 공포감이나 부정적인 생각을 전부 검은 포탄 모양으로 뭉친다. 그리고 그 포탄을 대포에 장전하고 '펑!' 하고 쏴버리는 것이다. 포탄은 하늘 높이 날아 올라가 바다로 떨어진다. 이윽고 바닷물 속 깊이 잠기고는 흔적도 없이 사라진다.

 여전히 두려움이 남아 있으면 그것들을 다시 포탄으로 뭉쳐서 더 힘껏 쏘아 올린다. 공포가 자취를 감출 때까지 이를 되풀이한다.

 이처럼 대포를 사용하는 이미지 트레이닝은 사실 내가 최초로 고안한 방법은 아니다. 한 어린이 교육지침서에 따르면 아이들이 의기소침해하며 매사에 의욕이 없을 때 대포 이미지를 사용하면 효과가 있다고 한다. 참으로 그럴 듯하다는 생각이 들어서 한번 시험해봤더니 의외로 아주 엄청난 효과를 얻었다. 여러분도 직접 시험해보았으면 한다.

 '루빅큐브 방식'으로 위험요소를 명확히 규명하는 작업은, 이를테면 좌뇌를 사용하여 이성적으로 위험을 인식하는 방법이다. 한편 대포나 비디오테이프는 우뇌를 사용한 이미지 트레이닝으로 부정적인 생각을 제거하는 방법이다.

나는 주로 이 두 가지 방법을 병행해서 쓴다. 그러면 행동에 제약을 주는 두려움이 사라지기 때문에 항상 긍정적으로 행동할 수 있다.

● 행동 없이 성공은 있을 수 없다

나는 브라질 유학을 마치고 귀국하여 샤 세이키가 쓴 책을 읽고 나서야 I씨에게서 배운 내용이 보편적인 성공철학이었음을 깨닫게 되었다고 앞에서 밝혔다. 그때부터 나는 성공이란 글자가 붙은 책은 무조건 사들여서 닥치는 대로 읽기 시작했다. 그리고 읽으면 읽을수록 점점 더 그 매력에 깊이 빠져들었다.

책을 통해서 나는 참으로 많은 지식을 얻었다. 그런데도 내 일상생활에는 아무런 변화의 조짐도 보이지 않았다. 읽기만 하고 아무 행동도 하지 않았으니 어쩌면 당연한 일이었다. 그래서 책을 통해 얻은 지식을 실생활에서 검증해보기로 작정했다.

맨 처음 설정한 목표는 대학을 수석으로 졸업하겠다는 것이었다. 재수해서 입학을 했을 만큼 사실 나는 공부를 그리

좋아하는 편도, 남보다 잘하는 편도 아니었다. 하지만 낙제만큼은 면해야겠다는 생각으로 딱 3일 동안 밤샘공부를 해 포르투갈어 시험에서 만점을 받은 경험은 있었다. 만약 좀 더 열심히 공부한다면 수석으로 졸업할 수도 있지 않을까? 이런 욕심이 내 머릿속에 자리 잡기 시작했다.

수석을 차지하면 졸업생 대표로 단상에 올라가 졸업증서를 수여받는다. 이 얼마나 보기 좋은 모습이란 말인가. 그때부터 나는 내가 단상에 올라 있는 이미지를 그리면서 날마다 세 시간씩 공부하기로 했다.

다행히도 당시 나에게는 공부하는 습관이 들여져 있었다. 브라질 유학 중에 포르투갈어로 진행되는 수업에 뒤처지지 않으려고 날마다 일정하게 시간을 정해놓고 공부하다 보니 자연스럽게 들여진 습관이었다.

대부분의 학생들이 중학교와 고등학교 시절 내내 대학만을 바라보며 공부에 시달리는 게 일상이다 보니, 대학에 입학한 후에는 마치 공부로부터 해방이라도 된 양 노는 데만 정신을 팔곤 한다. 내가 다니던 대학에서도 공부에 열정을 보이는 사람은 거의 없었다. 그래서인지 날마다 세 시간 정도만 공부를 하는데도 그 효과는 아주 절대적이었다.

졸업식 날, 나는 이미지로 그렸던 대로 단상에서 모든 사람들의 주목을 한 몸에 받으며 졸업증서를 수여받았다. 최초의 목표 설정이자 최초의 목표 달성이었다.

또 한 번 성공철학을 검증할 수 있는 절호의 기회가 있었다. 바로 취업활동을 할 때였다. 성공철학의 가르침대로, 취직하기를 바라는 회사의 이름을 종이에 적어 가지고 다녔더니 그 회사들 모두에서 합격통지가 왔다는 사실은 이미 앞에서 밝힌 바 있다.

수석으로 졸업한 일과 취직을 희망한 모든 회사로부터 합격통지를 받았던 일. 이 두 가지 성공체험으로 '책에 적힌 내용은 모두 사실이다' 는 확신은 한층 더 커졌다. 목표를 명확히 설정하면 이루어진다는 것을, 체험을 통해 실감했던 것이다.

졸업 후 증권회사에 입사할 때도 가설과 검증을 쳤던 점이 내게는 아주 유리하게 작용했다. 증권회사는 실력의 세계이다. 게다가 개인의 승부이다. 동기, 선배를 떠나 단지 숫자로 승패가 갈린다. 고객을 어느 정도 확보했는가, 투자액을 얼마나 유치시켰는가, 단기간에 결과가 나타나는 것이 증권회사의 특징이다.

나는 책이나 세미나에서 배운 것을 날마다 업무를 통해 검증했다. 그 결과는 곧바로 숫자로 드러났고, 남에게 지기 싫어서라도 더 열심히 공부했다. 그리고 새롭게 정립한 가설을 또 다시 일을 통해 검증했다. 한동안 나는 이러한 인풋(가설)과 아웃풋(검증)을 끊임없이 반복하며 일하는 재미에 푹 빠져 지냈다.

이제 나는 확신을 갖고 말할 수 있다. 종이에 적어놓으면 반드시 실현되게 마련이라고. 하지만 마음속에서 진정으로 목표에 동의하지 못하면 그 목표는 실현되지 않는다. 그 다음으로 중요한 것은 목표 달성을 위해 행동하는 것이다. 행동 없이 성공은 있을 수 없다.

행동을 수반하지 않는 배움은 배움이 아니라 단지 공부 마니아가 취미생활을 한 것에 지나지 않는다.

● 장애나 일시적인 퇴보는 성공의 조짐이다

지금까지 목표 달성을 위해 행동할 때의 '두려움을 극복하는 법'에 대해 몇 가지 알아보았다. 그런데 행동을 제대로 하기 위해서는 사실, 장애물이나 일시적인 퇴보에 여러 번 직면하게 되리라는 점을 미리 알아둘 필요가 있다.

안전만을 추구하는 인생에 성공이 뒤따르는 법은 없다. 성공을 지향하고 행동을 하다 보면 장애물이나 일시적인 퇴보를 경험하게 마련이다. 이런 점을 미리 알고 있는지 없는지에 따라 장애물이나 일시적인 퇴보에 직면했을 때 대처하는 자세가 달라진다.

가장 좋은 방법은 하찮은 것이라도 상관없으니 실제로 역경을 극복하는 경험을 쌓는 일이다. 스스로 '그때 힘들었어도 포기하지 않았기에 지금의 성공이 있다'는 생각이 드는 경험이 한 가지라도 있으면 그 경험을 살려 새로운 성공을 일궈낼 수 있기 때문이다.

내 경우는 증권회사에 다닐 때 전철 정기승차권을 잃어버린 경험이 여기에 해당된다. 그때 하루도 거르지 않고 출근길에 명함을 넣고 다녔던 것이 톱 세일즈맨이라는 성공의 열매로 맺어졌다.

사실을 고백하자면, 입사했을 당시만 해도 내 동기 중 잘나가는 사람들은 고객 유치를 통해 수천만 엔의 계약을 성사시키기도 했는데 나는 그들의 발끝에도 미치지 못했다. 톱 세일즈맨은커녕 처음에는 단 한 건의 계약조차 체결하지 못하여 발만 동동 구르던 신세였다. 정말이지, 이러지도 저러지도 못하는 사면초가의 상태에 놓여 있었다.

나에게 다행스러웠던 것은 이런저런 책을 통해 알게 된

'극복하지 못할 장애는 없다' 는 말을 일말의 의심도 없이 믿고 있었다는 점이다. 그래서 '이 순간은 괴롭고 힘들더라도 꼭 뛰어넘을 수 있다' 고 자신을 다독거리면서 그 역경을 헤쳐 나갈 수 있었다. 장애를 이겨내고 성공한 사람들의 이야기를 읽거나 들음으로써 유사체험을 부지기수로 해온 덕분이었다.

1,005번의 거절을 당해도 결코 포기하지 않았던 커넬 샌더스나, 삼류배우 시절에도 대스타가 되는 꿈을 버리지 않고 끊임없이 노력한 아놀드 슈왈츠제너거의 이야기 등 장애를 뛰어넘고 성공을 일궈낸 사람들은 얼마든지 있다. 그런 책을 많이 읽고 수많은 성공 패턴을 아는 것도 효과적이다.

그리고 결코 포기해서는 안 된다. 성공한 사람은 도중에 포기하지 않았기 때문에 결국 성공할 수 있었던 것이다.

여기서 링컨에 대해서 잠깐 짚고 넘어가자. 미국 역사상 가장 유명한 대통령인 링컨은, 국회의원에 네 번 떨어지고 사업에는 두 번 실패했으며 사랑하는 사람의 죽음을 지켜보아야 했고 신경쇠약이라는 병에도 시달렸다. 대통령이 되기 2년 전에는 부통령에 입후보하여 보기 좋게 떨어졌다. 만약 그가 거기서 포기했다면 그의 인생은 '패배' 로 끝나버렸을지도 모른다. 하지만 링컨은 포기하지 않았다. 포기하지 않았기 때문에 역사에 길이 남는 위대한 대통령이 될 수 있었다.

성공하는 사람은 결코 포기하지 않는다.

● 실패 경험이 없는 사람은 반드시 실패한다

열심히 공부하고 자신의 '유능의 테'를 갈고 닦아 목표를 정하고 행동하는 것은, 결국 성공하기 위해 들이는 노력이라 할 수 있다. 그러나 제아무리 노력해도 성공을 향해 길을 걸어가는 한 실패와의 만남을 각오하지 않을 수 없다.

실패하는 것은 어쩌면 당연한 일이다. 실패가 있기 때문에 성장하고 또 성공도 할 수 있다. 중요한 것은 실패를 통해 무엇을 배우는가, 하는 점이다.

한 번의 실패를 통해 얼마만큼 많은 것을 반성할 수 있는가. 실패했다고 중도에 포기하는 사람은 그 실패를 통해 아무것도 배울 수 없다. 나는 혼다의 창업자 혼다 소이치로의 '진보란 엄격한 반성에 정비례한다'는 말을 아주 좋아한다. 이 말을 통해 우리는 엄격한 반성이 얼마나 중요한가를 배울 수 있다.

실패로 인해 잠시 기가 죽더라도 얼른 활기를 되찾아야 한다. 그리고 실패를 통해 많은 것을 배우고 개선하여 다음 행동을 할 때 활용하면 된다. 그래서 단기간에 빨리 성공하려면 단기간에 많은 실패를 경험할 필요가 있다고 볼 수도 있다.

"아흔아홉 가지의 실패 안에 하나의 성공이 있다." 유니크로의 창업자 야나이 다다시 회장이 한 말이다. 그 역시 적지 않은 실패를 겪었기 때문에 이런 말을 할 수 있었으리라. 실패는 했어도 유니크로는 채소류까지도 취급하는 등 끊임없는 도전을 거듭하고 있다. 언론에서는 실패를 그 자체로만 평가한다. 하지만 실패를 되돌아보면 그 속에서 커다란 의의를 찾을 수 있다.

되돌아보고 반성하려면 우선 행동부터 해야 한다. 행동을 하면 으레 실패가 뒤따르게 마련이다. 모든 일에서 성공하는 사람은 이 세상에 아무도 없다. 실패를 통해 반성하고 배운 것을 그 다음에 활용했기에 성공할 수 있는 것이다.

그래서 나는 실패 경험이 없는 사람을 신용하지 않는다. '실패한 적이 없다'는 것은 도전한 적이 없다는 것이니, 그 어떤 실패보다도 못한 실패이기 때문이다. 또한 '실패한 적이 없는 사람'은 실상 실패 경험이 있는데도 그 사실을 인정하지 않는 사람일 수도 있다. 즉 반성할 기회를 스스로 내던지는 사람일 수가 있다. 좀 심한 말인지는 몰라도, 실패 경험이 없는 사람은 언젠가는 꼭 실패할 것이라고 나는 생각한다.

그러므로 자기 자신을 믿고 실패를 두려워하지 않으며 과감하게 행동하는 것이 중요하다. 그리고 절대 포기하지 말고 가설과 검증을 되풀이하면서 항상 배우겠다는 자세를 가져야 한다.

● '우연'이라는 이름의 기회를 잡으려면

발명왕 에디슨은, '발명에 필요한 것은 노력이 99퍼센트요, 나머지 1퍼센트가 영감'이라는 말을 했다. 이 말은 죽음마저 불사할 정도의 각오로 노력하지 않는 한 영감이 떠오를 리 없다는 뜻이다. 이처럼 갖은 노력을 다 한 끝에 결국 행운의 여신이 미소를 지으면, 사람들은 그런 경우를 가리켜 '우연'이라고 표현하기도 한다.

행운의 여신을 내 편으로 만들려면, 자기가 바라는 결과가 다른 사람에게도 가치 있는 결과인지 깊이 따져봐야 한다.

그런 마음가짐이 '힘'으로 작용하여 우연을 만들어내기 때문이다.

그렇게 성공한 사람을 A씨라고 가정하자. A씨는 동년배 친구인 B씨에게 다음과 같은 말을 들었다고 한다. "자네는 좋겠구먼. 재능이 뭔지 알아차리고 창업하여 성공했으니 말이야. 나는 영 자신감이 들지 않아 전직 같은 건 꿈도 못 꾸는데……."

B씨는 고등학교를 졸업하고 통신기기 제조업체에 취직했다. 공장을 거쳐 총무부나 연금을 계산하는 부서에서만 일했기 때문에 '자신의 재능이 무엇인지 생각조차 한 일이 없다'고 말한다.

하지만 그는 야구에 소질이 있어 회사 야구 동호회에서 활약하고 있다. 물론 프로야구에서도 통할 정도의 '유능의 테'는 아니겠지만, 아무튼 주말마다 동호회에서 알차고 보람되게 시간을 보내고 있었다.

A씨는, "그렇게 만족스런 생활을 하고 있는데 뭐가 불만이란 말인가?"라고 물어보았다. 그리고 "만약 자네가 비즈니스를 통해 자기실현을 하고 싶다면 당장 야구를 그만두고 주말마다 공부를 하면 되지 않은가!"라고 말했다.

A씨가 공부 얘기를 한 이유는, B씨가 경리 일이나 연금제

도에 아주 관심이 많다고 말하면서도 막상 그와 관련된 질문을 던지면 머리만 긁적이기 일쑤였기 때문이다.

A씨는 좀 심하다 싶기도 했지만 나 몰라라 해서도 안 될 친구였기에 "자네가 그런 식이니 성공하지 못하는 것이다"라며 솔직한 감정을 드러냈다고 한다. B씨가 월요일부터 금요일까지 바삐 일하고 토요일과 일요일은 야구를 즐기는 동안, A씨는 성공하기 위해 잠자는 시간까지 줄여가며 끊임없이 노력했다. 따라서 지금의 그가 있는 것이다.

주어진 일만 열심히 하는 정도를 두고 노력했다는 말을 함부로 해서는 안 된다. 그런 노력만으로는 자기가 진정으로 바라는 것이 얻어지지 않는다.

'나는 일개 샐러리맨에 불과하니까, 회사 사정이 이러하니까, 또는 월급이 고작 이 정도니까'와 같은 외적 요소를 뛰어넘어 전력을 기울여 노력하는 것이 바로 내가 말하는 '진정한 노력'이다. 그러므로 우선은 샐러리맨이라는 매너리즘에서 벗어날 필요가 있다.

당장의 일을 처리하기 위한 노력이 아니라 꿈을 이루기 위해 지금 해야 할 일이 무엇인지 스스로 생각해야 하는 것이다. 그리고 죽음마저 불사할 정도의 각오로 끊임없이 노력하면 언젠가는 반드시 '우연'이라는 이름의 기회가 찾아온다.

● 성공의 문턱에는 오랜 침체기가 있다

성공하기 위해 진정한 노력을 기울이다가도 도중에 포기하는 사람이 있다. 5년 안에 연수입 세 배라는 목표를 세우고 진지하게 노력했는데도, 4년이 지나도록 별다른 변화가 나타나지 않을 때, '이 상태라면 이젠 불가능하다'며 그만 포기해버리는 사람들이 상당히 많다. 참으로 안타까운 일이 아닐 수 없다. 조그만 더 견뎌냈으면 엄청난 폭발이 일어났을 텐데…….

많은 사람들이 성공을 목전에 두고 포기하는 이유는, 앞으로 어느 정도 노력해야 목표지점에 도달할지 예측할 수 없기 때문이다. 하지만 목표지점은 바로 눈앞에 있다. 다만 눈에 보이지 않을 따름이다. 내가 이렇게 말할 수 있는 까닭은, '성공의 문턱으로 들어서기 전까지는 아무런 조짐도 보이지 않는다'는 사실을 알기 때문이다.

5년 만에 연수입을 세 배로 높이기 위해서는, 3년째에는 두 배, 4년째에는 두 배 반의 성과가 있어야 한다고 생각하는 사람들이 많다. 그러나 사실은 전혀 그렇지 않다. 처음에는 아무리 노력해도 결과가 나타나지 않는 것이 보통이다. 3년 동안 더 악화되지만 않았어도 그나마 다행이다.

행운의 여신은 성공을 앞둔 사람에게 시련을 주게 마련이므로 성공을 위해 노력하다 보면 처음에는 오히려 조금씩 퇴보하는 경우가 많다. 그리고 4년째가 되어도 전반기의 수입 증가율은 아주 미미할 것이다. 하지만 후반기의 중간 정도 지날 무렵이 되면 수입이 일거에 세 배로 뛰어오른다.

이처럼 일단 줄었다가 침체기를 거쳐 마지막에·기다렸다는 듯 급상승하는 것이 성공에 이르는 일반적인 과정이다. 하지만 시간이 흘러도 결과가 곧바로 나타나지 않으므로 계속 노력하기가 쉽지 않다. 그래서 마침내는 성공을 확신하지 못하고 중도에 포기하고 마는 것이다.

그런 안타까운 일이 실제로는 아주 많이 일어난다. 그러므로 이제부터 가속성공에 도전하려는 사람은 이것만큼은 꼭 마음에 깊이 새겨두었으면 한다. "성공의 문턱에 들어서려면, 오랜 침체기를 거치다가 마지막 한순간에 가파른 언덕을 뛰어올라야 한다."

여러분이 만약 노력을 계속했는데도 오랜 침체기를 겪고 있다면 얼마 안 가서 포기하게 될지도 모른다. 하지만 지금부터라도 성공의 이러한 과정을 염두에 두고 목표지점을 눈앞에 둔 채 섣불리 포기하지 말기를 바란다.

진정한 노력은 반드시 보답을 받게 마련이다.

● 실패의 경험은 무기가 될 수 있다

내가 겪었던 침체기에 대해서 간단히 이야기하겠다. 회사에 다니던 시절에 나는 X사에서 가장 많은 수입을 올렸다. 기본으로 받는 월급 말고도 실적에 따라 추가수당을 받았기 때문이다. 그때만 해도 내 연수입은 1천만 엔이었는데, 컨설팅 회사인 Y사로 전직하면서 40퍼센트나 줄었다. 수입이 줄어들 줄 뻔히 알면서도 내가 굳이 전직을 결심한 까닭은 무엇일까?

Y사의 사장과 똑같은 성공 패턴을 그대로 밟아나갈 생각을 했기 때문이다. 그래서 나는 거기에 몸담았던 3년 반 동안 끊임없이 노력했다. 그 덕분에 창업한 지 1년 반 만에 아홉 배의 수입이라는 성공의 단맛을 맛볼 수 있었다고 생각한다.

내가 침체기에도 끝까지 포기하지 않았던 까닭은, 성공한 사람들의 책에서 수차례 거듭해 말하듯이 어려움을 많이 겪을수록 더 크게 성공한다는 사실을 익히 알고 있던 터였기 때문이다.

내가 처음 스승으로 삼았던 브라질의 I씨는 '역경은 기회다' 라는 말을 자주 했다. 성공하기 전에 겪는 어려움이 많고 깊을수록 열매가 영글었을 때 더 눈부시고 아름답다고,

그는 나에게 가르쳐주었다.

그 말에는, I씨가 브라질에 건너가 낯선 이국땅에서 성공하기까지 겪었던 고난과 역경이 그대로 함축되어 있다. 그의 가르침 덕분에 나는 브라질에 유학을 가기까지의 지난 20년을 비로소 온전한 내 것으로 포용할 수가 있었다.

스무 살이 되도록 내 인생은 온통 실패의 연속이었다. 운동도 못했고, 공부도 못했고, 노래도 못했으며 당연히 여성들에게 인기도 없었다. 하지만 I씨의 말을 가슴에 새긴 뒤로 나는 그 20년도 소중한 과거로서 긍정적으로 받아들이게 되었다. 실패의 경험이 많을수록 더 큰 성공을 이끌어낼 수 있다고 믿게 되었기 때문이다. 그 순간 나는 하잘 것 없어 보이는 과거가 '기회'가 될 수도 있다는 생각을 갖게 되었다.

지금까지 실패만 거듭해온 사람이어도 실망할 필요가 없다. 그런 사람들은 더 크게 비약할 기회를 이미 얻은 셈이다.

실패를 거듭했던 하잘 것 없는 과거, 그것이야말로 자신의 강력한 무기가 될 수도 있다.

● 뛰어넘지 못할 시련은 없다

돌이켜보건대, 내가 가장 괴로움을 겪었던 시절은 창업 후 일곱 달 동안이었다. 그때 내 앞은 온통 높은 벽으로 가로막혀 있었다.

세 가지의 캐시 포인트도 정해놓았고, 창업하는 데 필요한 만반의 준비가 다 되어 있다고 생각했다. 그런데 가장 믿었던 인재 소개업은 고전을 면치 못했고, 컨설팅을 의뢰해 온 회사는 나중에 알고 보니 3,400만 엔이라는 빚에 시달리고 있었다. 게다가 소프트웨어 판매업도 동업자가 나를 영업사원으로만 이용하려고 했는지 도무지 사업전개를 위한 구체적인 조건을 제시하지 않았다. 사정이 이렇다 보니 세 가지 중 어느 하나도 마음을 놓을 형편이 못 되었다.

괴롭기는 했어도 그 당시 나는, 성공의 막바지에 가파른 언덕이 도사리고 있다는 것을 알고 있었다. 그래서 '이제 얼마 안 남았다!' 는 믿음을 갖고 계속 노력할 수 있었다. 그 역경을 참고 이겨냈기 때문에 가속성공을 이룬 지금의 내가 있는 것이다.

하지만 생활이 곤궁했던 것은 사실이다. 얼마 전에 아내한테 듣고 깜짝 놀랐지만, 당시 산달이 임박했던 아내는 편의점에서 파는 380엔짜리 초밥을 먹고 싶었는데도 돈이 없어서 사지 못했다고 한다. 통장에 얼마간의 돈이야 있었다지만 출산을 앞둔 아내는 무슨 일이 벌어질지 몰라서 380엔을 쓸 수 없었다는 것이다. 결국 초밥을 사먹지 못한 아내는 집으로 돌아와 남은 밥을 렌지에 데워 먹었다고 했다.

그 말을 듣고 문득 떠올랐는데, 분명 그 당시 우리 집 밥상은 밥 한 공기에 찌개 한 가지가 고작이었던 것 같다. 마음고생이 이만저만이 아니었을 아내가 싫은 내색 한 번 하지 않은 것이 마냥 고마울 따름이다.

그렇게 어려운 상황 속에서도 매달 500만 엔씩 회사의 빚을 상환해나갔다. 마침내 다 갚고 다음 달부터는 좀 편해지려니 생각할 무렵이었다. 또 다시 행운의 여신은 나에게 시련을 안겨주었다. 믿었던 거래처에서 물건 값을 떼먹고 종적을 감춘 것이다. 그때까지 잘 버텨오던 나로서도 눈앞이 캄캄해질 수밖에 없었다. 올 것이 왔구나, 하는 생각뿐이었다. 창업한 지 딱 여섯 달 만에 벌어진 일이다.

400만 엔 남짓이었기 때문에 한두 달만 고생하면 어떻게든 막을 수는 있었다. 하지만 여의치 않은 상황에서 허리띠를 졸라가며 겨우 빚을 다 갚은 시점이었기에 정신적으로 받은 충격은 엄청났다.

회사가 사기를 당했음을 안 시점은 새해를 몇 시간 앞둔

12월 31일이었다. 집에서 연말 특집방송을 보고 있었는데 그 프로그램의 내용은 전혀 생각이 나지 않는다. 아내의 배는 상당히 불러와 있었고 석 달만 지나면 아이가 태어난다. 그런데도 내 머릿속에는 회사가 아무 탈 없이 돌아갈 수 있을지, 직원들의 월급은 제대로 지급할 수 있을지에 대한 걱정거리로만 가득 차 있었다.

하지만 그 순간에 문득 깨달을 수 있었다. 이것이 '날이 밝기 전의 어둠'이라고. '나는 열심히 노력하고 있어'. 그때 나는 희망을 잃지 않고 그렇게 되뇌었다. 내 앞으로 연이어 닥쳐오는 이 시련은, '날이 밝기 전의 어둠'이라며 마음을 스스로 다독였던 것이다.

정신적 고통을 딛고 일어선 후 나는 그 사기사건을 교훈 삼아 계약서 작성은 절대로 남에게 맡기지 않고 항상 변호사를 대동하는 시스템을 갖췄다. 그 덕분인지 그 후로는 단 한 번도 그 같은 일을 당한 적이 없다.

참고로 말하지만, 수법이 비슷한 사기꾼은 그 뒤에도 여러 차례 우리 회사를 찾아왔다. '사기를 당한 적 있는 회사의 목록'이 사기꾼들 사이에 오가기라도 하는지, 일단 사기를 당한 회사는 또 당할 소지가 있다고 생각하는 모양이었다. 실패를 통해 배우고 시스템을 개선했기 때문에 우리 회사는 지금까지 살아남을 수 있었다.

날이 밝기 전, 성공이 목전에 와 있을 무렵 마치 행운의 여신이 졸업시험이라도 치르려는 듯 시련은 꼬리를 물고 찾아오는 법이다. 그럴 때 시련을 탓하지 말고 '드디어 최종시험을 치르는 모양이다!' 라며 가볍게 웃어넘길 수 있는 여유를 가져야 한다.

행운의 여신은 뛰어넘을 수 없는 시련을 안겨주지는 않는다. 나는 그렇게 믿고 있다.

07

성공의 지름길을 찾아내는 데
전력을 기울여라!

그리고 인생 지도를 만들면 단기간에 성공하는 것이 왜 중요한지 알 수 있다. 짧은 기간에 성공을 하면 그 후의 인생을 더 오래도록 평안히 살 수 있으며 사회 공헌도 더 많이 할 수 있다. 또한 가족과 더불어 보내는 시간도 훨씬 더 늘어난다.

7

성공의 지름길을 찾아내는 데 전력을 기울여라!

● 가속성공의 비결은 지름길을 찾는 데 있다

단기간에 성공하는 사람은 정해진 길을 애써 외면하고 '지름길'을 찾는다.

내가 처음으로 전직했던 벤처기업 X사에는, '지름길'을 찾아 빠르게 성공한 사람이 두 명 있었다. 한 사람은 나와 같은 또래인 N씨이며, 또 한 사람은 내 부하직원이었던 H 씨이다.

나하고 나이가 같은 N씨는 X사에 나보다 1년 먼저 입사했으므로 실제로는 직장 선배인 셈이다. 내 경우 증권회사에 1년 근무한 뒤 전직했기 때문이다.

그와 나는 비슷한 속도로 진급하여 영업소장이라는 자리

까지 올랐지만, 그 이후로 침체기에 접어들면서 앞길을 생각해야 할 처지에 놓이게 되었다. 그때 그는 정해진 길을 버리고 '지름길'을 찾아내서 불과 2년 만에 회사의 이사로까지 승진했다. 부하직원 수만 해도 자그마치 500명이나 되었다.

N씨는 그로부터 얼마 뒤 20대의 나이로 그룹 계열사의 사장 자리까지 차지했다. 지금은 널리 보급되어 있는 인터넷 관련 제품을 대여하는 아이디어를 시스템화한 덕분이었다.

그가 남달리 뛰어났던 점은, 그 아이디어를 X사의 사장 앞에서 직접 프레젠테이션을 했던 일을 보면 미루어 짐작할 수 있다. "저비용으로 인터넷 관련 제품을 만들어 남보다 먼저 출시하면 시장을 지배하기가 쉬워진다. 그런 다음 홈페이지를 만들고 동시에 인터넷폰이나 복사기도 취급하자!" 이 같은 내용의 대규모 사업계획을 구상하여 프레젠테이션에 임했던 것이다.

사장은 그의 계획에 동조하여 부하직원 두 사람을 붙여주고 그를 프로젝트의 책임자로 임명했다. 그 후 그는 2년 만에 회사의 매출액을 네 배로 향상시켜 이사로 승진했고 마침내 계열사의 사장자리에 앉게 되었다. 당시 N씨는 30세도 채 안 되었다.

한편 H씨는 내 부하직원이었지만 나이는 나보다 위였다.

그는 수완이 뛰어나서 입사하자마자 톱 세일즈맨의 영광을 차지하기도 한 경력이 있었다. 하지만 그는 얼마 안 가서 회사를 그만두었다. 그리고 X사의 노하우를 그대로 응용하여 비슷한 회사를 만들어 크게 성공했다. H씨의 회사 자산은 30대 전반에 100억 엔에 이를 정도였다.

같은 회사에 다니던 두 사람의 성공을 곁에서 지켜보고 '나는 도대체 지금껏 무엇을 했단 말인가' 하며 몹시 자책하기도 했다. 그들이 성공을 거머쥐었을 때 나는 고작 중소기업의 과장이었다. 그리고 깨달았다. '지름길'이 있다는 것을.

그들은 정해진 길을 애써 외면하고 지름길을 찾아내서 성공했지만, 나는 정해진 길을 걸으며 성공하려 했으니 당연히 그들보다 뒤쳐지는 것이다, 하고 비로소 깨우쳤던 것이다.

N씨는 자기가 생각한 사업계획에 굉장한 자신감을 가지고 있었다. 그러나 그 아이디어를 실행하려면 막대한 초기 투자가 필요했다. 그래서 그는 먼저 톱 세일즈맨이 되어야겠다는 생각을 했다. 그 당시 X사는 통신기기 판매회사에서 IT 벤처기업으로 변신을 꾀하고 있었다. 그런 상황에서 때마침 그가 사장한테 자신의 아이디어를 밝혔던 것이다.

그가 위로 넷이나 되던 자신의 상사를 제치고 직접 사장

앞에서 프레젠테이션을 해야겠다고 생각한 까닭은, IT 벤처 기업으로 변신을 꾀하고자 했던 최고경영자의 의중을 꿰뚫어보았기 때문이다.

하지만 당시 똑같은 위치에 있었던 나는 최고경영자의 의중 같은 데는 전혀 신경이 미치지 못했다. 내 조직을 키우고 정해진 길을 걸으며 출세해야겠다는 생각에만 몰두해 있었다. 시점과 아이디어의 차이였다. 그리고 그는 자신이 모아들인 정보를 사업아이템으로 바꾸는 행동력까지 겸비하고 있었다.

내가 Y사를 그만두고 새 출발하는 심정으로 정해진 길을 벗어나기로 결심했던 것은 그 두 사람을 통해 '지름길'의 중요성을 깨달았기 때문이다. 지름길을 찾는 일은 새로운 것을 창조하고 낡은 것을 파괴하는 작업이다.

● 다른 사람의 힘을 활용하라

지름길은 어떻게 찾아야 할까? 깊이 생각해보면 아무래도 직관과 감성이 필요할 것으로 보인다. 그런데 그 직관과 감성을 끌어내기 위해서는 반드시 갖춰야 할 자세가 있다. 자신의 무한한 가능성에 확신을 갖는 일이다.

미국의 달 착륙 성공은 달에 갈 수 있다는 믿음에서 비롯되었다. '분명 지름길은 있다'. 이런 믿음을 갖는 데서부터 지름길 찾기를 시작해야 한다.

또 한 가지 성공한 사람들의 공통점으로서, '남과 자신의 성공은 불가분의 관계'라는 일체감을 가질 필요가 있다.

성공하는 사람은 남을 성공시키면서도 스스로 성공하는 요령을 알고 있다. 크게 성공한 사람은 어김없이 다른 사람의 힘을 활용했다. 이 두 가지는 언뜻 보기에 전혀 관련이 없는 것 같지만 뿌리는 사실 같다. 왜냐하면 지름길이란, N씨의 예에서 보듯이 '상대의 의중(니즈)을 만족시키는 곳'에 존재하기 때문이다.

최상위 개념의 비즈니스력이란 상대가 안고 있는 문제를 해결하고 니즈를 충족시키는 힘이다. 이런 힘이야말로 가장 짧은 시간에 제일 먼저 가고 싶은 곳으로 데려가준다.

그렇다면 상대의 니즈를 충족시키려면 무엇이 필요할까? 우선은 상대방의 입장에 설 줄 알아야 한다. 상대방이 무엇을 목표로 삼고 있으며 그를 위해 자신이 할 수 있는 일은 무엇인지 생각해본다. 즉 상대방의 입장을 생각하고 자신이 도움이 될 수 있는 부분을 제안하면서 바라는 것이 있으면 그것을 전달한다. 이 경우 상대방의 문제를 해결해주려고 애를 쓰므로 자연히 동류의식이 생긴다. 다른 사람과 동류의식을 갖고 서로 이익이 되는 관계를 만들어야 하는 까닭이 바로 여기에 있다.

단기간에 성공하는 사람, 즉 가속성공하는 사람은 예외 없이 자기한테는 없는 다른 사람의 능력을 자신의 힘으로 활용할 줄 안다. 그런 사람들은 자신의 능력을, 그것이 없는 사람을 위해 사용할 줄도 안다.

내가 X사에서 한 달 만에 2천 대의 휴대전화를 팔았을 때도 이 법칙을 활용했다. 내가 동류의식을 가진 상대는 보험회사 여직원들이었다. 그들은 제각각 맡은 고객이 있어서 정기적으로 영업을 하러 다닌다. 그때 인사조로 사탕 같은 것을 나누어준다.

그런 정보를 알고 있던 나는 보험회사 여직원들에게, "내가 휴대전화를 제공할 테니 고객들한테 선물로 나누어드리면 어떻겠습니까?" 하고 제안했다.

당시는 휴대전화에 대한 사람들의 관심이 한창 높아지던 시절이었다. 그러다 보니 휴대전화를 선물로 내밀면 그들 사이에 화제가 끊이지 않고 대화가 이어질 수 있었다. 그녀들의 고객들로서도 휴대전화를 거저 받을 수 있으므로 기꺼이 계약을 해주었다.

나는 휴대전화를 제공함으로써 영업하러 떠돌아다니지 않아도 되고, 보험사 직원들은 고객에게 기쁨을 안겨주면서 주소나 생일 등 개인 데이터를 입수할 수 있어서 좋다. 나중에 그런 개인 데이터를 바탕으로, 곧 생일을 맞이할 사람들을 찾아가서 또 다른 영업을 할 수도 있다. 손해를 입는 사람은 아무도 없다. 보험회사 여직원과 나는 물론, 고객까지도 만족할 수 있는 결과다.

나는 복사기도 같은 방식으로 판매했다. 휴대전화로 이미 좋은 관계를 유지하게 된 보험회사 여직원들과 나는, 마치 한 배를 탄 것처럼 함께 그들의 영업 구역을 돌아다녔다. 실적이 좋은 여직원들은 1인당 10명에서 100명 정도의 사장을 고객으로 확보해놓고 있었다. 나는 그런 여직원을 100명 정도 알고 지냈으므로 단순계산만 하더라도 수천 명의 고객을 소개받은 셈이었다.

나는 여직원들과 함께 고객들을 만나서, "복사기를 싸게 드릴 테니 그렇게 생기는 차액으로 보험에 가입하십시오" 하며 보험 영업을 거들었다. 그러면 고객사의 사장은, 왜 복사기 영업사원이 보험사 여직원들과 함께 와서 보험영업까지 하는 거지, 하며 흥미를 갖곤 했다. 그때 "혼성 듀엣이라 생각하십시오"라며 우스갯소리를 건네면 대부분은 야박하게 거절하지 않으므로 둘 다 실적을 올릴 수 있다.

이처럼 조를 이뤄 움직이게 되는 경우에는 상대방의 실적을 올려주는 데 주안점을 두는 게 좋다. 어떻게 하면 상대방이 만족스러워할지에 초점을 맞춰야 하는 것이다.

로버트 기요사키의 『부자 아빠, 가난한 아빠』에 나오는 비유처럼, 혼자서 많은 장작을 끌어안은 채 '나를 따뜻하게 해다오' 라며 난로를 향해 아무리 외친들 따뜻해질 턱이 없다. 따뜻해지기 위해서는 자기가 가지고 있는 장작을 난로 안으로 집어넣어야 한다. 많은 장작을 난로에 넣을수록 한층 더 따뜻한 온기를 누릴 수 있다.

비즈니스의 세계도 마찬가지다. 가속성공에 있어서 '제공하는 힘' 은 중요한 의미를 갖는다.

● 공헌한 만큼 반드시 보답이 되어 돌아온다

상대방을 먼저 생각하도록 하자. 남에게 공헌하면 결과적으로 자신의 행복이 되어 돌아온다. 감히 장담하건대 '공헌' 이라는 단어를 어떻게 인식하는가에 따라 나타나는 결

과가 크게 달라진다. 그러므로 이 점에 매우 주의할 필요가
있다.

혹시 공헌이라는 말에서 뭔가 자기희생적인 뉘앙스가 풍
기는가? 만약 그렇다면 매우 주의해야 한다. 공헌이란 상대
방을 위해 희생하는 것이 아니라, 자신이 두근거리는 마음
으로 즐거움과 기쁨을 느끼면서 하는 일이 상대방에게도 보
탬이 되는 경우를 일컫는 말이다.

그러므로 공헌이란 '보상' 이라 받아들여도 무방하다. 이
경우의 보상이란 꼭 돈으로만 한정되는 것이 아니다. 본인
의 만족감이나 스스로 얻고자 하는 결과가 모두 보상인 셈
이다. 주변과 자신의 관계를 이런 식으로 볼 줄 알면 이 세
상에는 참으로 많은 비즈니스 기회가 산재해 있다는 사실을
깨닫게 된다. 비즈니스 기회란 다른 사람의 문제를 해결해
주는 일이기 때문이다.

불황이 오래 지속될수록 문제를 안고 사는 사람들이 늘어
난다. 다시 말해 불황기일수록 비즈니스 기회는 많아지고,
더 많은 돈을 벌어들일 수 있다.

비즈니스의 기본은 다른 사람에게 공헌하는 데서 찾아야
한다. 다른 사람의 문제를 해결해주고 상대방의 성공에 공
헌하는 사람에게는 더 많은 비즈니스 기회가 찾아온다. 지

금까지 살펴보았던 성공을 위해 필요한 기술도 굳이 말하자면 모든 사람의 니즈를 충족시키기 위한 방법론이라 할 수 있다.

다른 사람에게 공헌하면서 그것이 어떤 형태로든 자신에게도 플러스가 되어 돌아올 것을 동시에 생각하는 자세, 이것이야말로 가속성공의 비결이다.

● 행복과 성공의 균형을 맞추는 법

성공하겠다는 마음을 처음 가졌을 때만 해도, 나는 돈을 많이 버는 일이 곧 성공이라고 생각했다. 하지만 지금 나는 돈이 성공의 전부라고 보지는 않는다. 내가 생각하는 성공이란 자기가 진정으로 바라는 인생을 사는 일이다.

따라서 진정 성공한 사람은 당연히 행복감도 느낀다. 그런데 어중간하게 성공한 사람 중에는, 많은 돈을 벌었으면서도 행복을 느끼지 못하며 사는 사람들이 많다.

나는 애완견을 기른다. 그래서 평소 알고 지내는 수의사가 있는데, 그 사람도 행복과 성공의 균형이 깨진 사람 중 하나였다. 그 여성 수의사는 자신의 분야에서 능력을 널리 인정

받는 사람이다. 그녀의 균형을 깨트린 것은 지나치게 강한 사명감이었다. 그녀는 사명감이 너무도 강한 나머지 보통 때는 물론 새해 연휴에도 병원 문을 닫는 날이 없었다. 자신의 휴대전화 번호까지 고객에게 일일이 알려주면서 24시간 대응체제로 일을 하니, 몸져눕지 않는 것이 오히려 이상할 정도였다.

한번은 우리 집 개가 병에 걸려 정월 초하루에 그 병원을 찾은 일이 있는데, 그때 그 수의사의 모습은 명백히 병색이 완연했다. 내가 며칠 쉬는 게 좋겠다고 아무리 충고를 해도, 그녀는 오로지 "이 병원을 찾는 손님께 실망을 드릴 수 없어서"라는 대답만 할 뿐이었다. 내가 너무 나서는 게 아닌가 하는 생각도 들었지만 일단 나는 그녀와 이야기를 나눌 필요가 있겠다고 판단했다. 그녀의 가치관이 아직 정립되지 않은 것 같은 생각이 들었기 때문이다.

이야기를 나눠보니 그녀에게는 두 가지 소망이 있었다. 하나는 자기가 할 수 있는 최선의 치료를 하고 싶다는 열망이요, 또 하나는 서른다섯 살이 되기 전에 꼭 결혼을 하겠다는 소망이었다. 내 예상대로 그녀는 상반되는 가치관을 갖고 그저 일에만 파묻혀 지내왔던 것이다.

나는 인간이 행복해지기 위해서는 세 가지의 울타리를 가져야 한다고 말해주었다. 내가 말하는 세 가지의 울타리란 '일'과 '가정'과 '개인'으로 요약된다. '일'과 '가정'의 양립 문제가 자주 거론되는데, 나는 그 문제만 해결된다고 해서 진정한 성공을 거둘 수 있다고는 생각하지 않는다. '일'도 '가정'도 아닌 '개인'의 시간을 확보하는 것이 가속성공이라는 측면에서나, 성공과 행복의 균형을 잡는다는 측면에서 상당히 중요한 의미를 갖는다. 이 세 가지의 울타리 중 어느 하나라도 결핍되어 있으면 결코 행복을 누릴 수 없다. 세 개의 울타리가 균형 있게 모두 갖춰져 있어야만 행복을 맘껏 향유할 수 있는 것이다.

하지만 그녀에게는 '일'이라는 울타리밖에는 가진 것이 없었다. 개인을 위하거나 가족과 함께 지내는 시간도 없이 하루 온종일 일에만 매달려 있었을 뿐이다. "이 상태가 오래 지속되면 몸과 마음에 병이 들어 결국 '일'이라는 울타리조차도 풍비박산이 날지도 모릅니다." 내 말을 듣고 그녀는 힘없이 고개를 끄덕거렸다.

그녀는 도쿄 대학을 나와 병원을 열고 수의사로서 널리 인정을 받으며 지내왔다. 그 덕분에 혼자서는 일손이 모자라 보조직원을 여러 명 고용해야 할 만큼 일 자체는 순조로웠다. 그러나 개업한 지 6년째로 접어들면서 육체적으로나 정신적으로 피로가 누적되어 이미 그 한계에 다다라 있었다. 나는 그녀에게 한 가지 제안을 했다. 대학 후배와 교대로 근무할 수 있는 체제를 갖춰 지금의 일과를 3분의 2로 줄이라고 말이다.

"이 방법대로 하면 소득은 분명 줄겠지요. 하지만 애초부터 그런 데는 별 관심이 없지 않았던가요?" "예, 그런 건 아무래도 상관없습니다" 하고 그녀는 말했다. "이런 시스템을 구축하는 것도 일종의 경영혁신이지요"라는 내 말을 듣고 그녀는 어느 정도 힘을 얻은 듯 강하게 고개를 끄덕였다.

그녀는 오직 일에만 파묻혀 아무것도 생각할 여유가 없었을지도 모른다. 나는 마지막으로 이 말을 덧붙였다. "솔직히 말해서 우리 집 개의 진료는 선생님께만 맡기고 싶습니다. 하지만 그렇게 해서 3년 뒤 선생님을 잃고 싶지는 않습니다. 그러니 선생님이 3분의 2만 진료해주시고 나머지 3분의 1은 선생님이 신뢰하는 후배에게 맡기십시오. 그렇게 해야 더 오래도록 선생님의 진료를 받을 수 있지 않겠어요? 아마 다른 손님들도 모두 저와 같은 생각일 겁니다." 그녀는 함박웃음을 지으며 "고마워요"라고 말했다.

사람이 행복하게 살기 위해 필요한 세 가지 울타리, 즉 '일', '가정', '개인'은 우선순위를 매길 수 없을 만큼 똑같이 중요한 요소이다.

분명 인생의 어느 시기에는 가정보다 일을 우선해야 할 때가 있을지도 모른다. 그러나 가족 중 누군가가 병으로 누워 있는 경우에는 일보다 가정을 먼저 돌보아야 할 것이다.

세 개의 울타리에 항상 똑같은 비중을 둘 필요는 없다. 중요한 것은 그때그때 어떤 식으로 균형을 잡느냐 하는 점이다. 균형은 수시로 자리바꿈 해주어야 한다. 나 역시 균형이 중요하다고 말하면서도 종종 감각을 잃을 때가 있다. 하지만 균형이 중요하다는 사실을 알고 있으므로 균형이 무너졌다는 생각이 들 때는 얼른 바로잡을 수가 있다. 또한 당장 필요한 것이 무엇인지 판단해 일시적이나마 균형을 무너뜨려 어느 한 가지에 집중적으로 힘을 쏟아 부어야 할 필요도 있다.

자신의 인생을 통틀어 균형을 잃지 않도록 그때그때 상황에 맞게끔 적절하게 에너지를 배분하는 것이 중요하다.

● 인생을 어우르는 '7가지의 목표 설정'

세 가지의 울타리를 균형 있게 유지해야 한다는 사고방식은 어떤 경우에도 응용이 가능하다. 목표 설정이라는 항목에서 '세 가지의 관람차' 와 관련된 이야기를 했는데, 사실은 그것도 세 가지의 울타리를 응용한 개념이다.

시간 축 안에서 '단기', '중기', '장기' 라는 세 가지 목표를 설정하여 동시에 달성하기 위해 노력해야 한다. 그러나 힘의 배분은 가장 작은 관람차에 80퍼센트의 힘을 기울이고 나머지 20퍼센트를 중형과 대형 관람차를 돌리기 위해 쏟아 부어야 하는 것이다. 그리고 넓은 시야로 사물을 바라보면서 눈앞의 우선사항에 집중하는 것이 가속성공의 비결 중 하나이다.

예를 들어 연수입을 높게 잡은 경우 그 목표액에 도달했다고 해서 모든 것이 끝났다고 볼 수는 없다. 그 수입을 어떻게 계속 유지하느냐 하는 점도 중요하기 때문이다.

프로 야구선수는 연봉제로 소득이 결정되는데, 실력만 뒷받침된다면 왠만한 대기업 이사의 소득에 맞먹는 수입을 올릴 수도 있다. 어느 야구선수의 연봉이 1억 엔으로 결정되었다는 기사를 읽으면 부럽다는 생각이 들지 않는가?

하지만 사실 그들은 연봉의 절반에 가까운 돈을 세금으로 내야 한다. 게다가 그들이 1억 엔을 받을 수 있는 기간은 그에 걸맞은 성적을 유지할 때뿐이다. 선수 생명이 아무리 길어도 보통 10년을 넘기는 힘들다. 그렇다면 단순 계산으로도 (1억 ÷ 2) × 10, 즉 5억 엔을 버는 것에 불과하다. 연소득 2천만 엔을 받으며 30년 동안 일하는 편이 훨씬 더 낫다는 결론이 나온다.

여러분이 30대라면 이제 프로 운동선수가 된들 억 단위의 연봉을 벌기란 쉬운 일이 아니다. 하지만 지금부터 5년 동안 열심히 일하면 별다른 재주가 없는 사람이라도 연수입을 세 배로 늘리고 그 후 몇 십 년 동안 그 수입을 유지할 수도 있다.

이런 의미에서 나는 가속성공을 원하는 사람에게 일 관계로만 목표를 설정할 것이 아니라 인생을 아우르는 '7가지의 목표를 설정'할 것을 권하고 있다.

일곱 가지 목표 설정의 골격을 이루는 것은 폴 J. 메이어의 이론이다. 폴 J. 메이어는 SMI라는 성공 프로그램의 창안자로 널리 알려진 사람이다. 그는 본래 '일', '가정', '건강', '취미', '축재', '능력 개발' 등 여섯 가지의 목표 설정을 제창했다. 나는 거기에 '사회 공헌'이라는 항목을 하나 더 추가하여 '일곱 가지의 목표 설정'을 내걸고자 한다.

성공철학에 관심을 갖고 그것을 추구하는 사람들은 아무래도 일과 관련된 부분만 중시하는 경향이 있다. 나도 그 중 한 사람이었다. 하지만 인생의 모든 분야에서 성공하기 위해서는, 가정이나 개인이나 건강처럼, 뒷전으로 밀려나기 쉬운 목표를 명확하게 정할 필요가 있다. 그 작업은 곧 여러분의 '인생 지도'를 그리는 일이나 다름없다.

예를 들면 '가정' 항목만 보더라도 아이가 있고 없음에 따라 소요되는 시간이 달라진다. 아이의 나이에 따라서도 다르다. '일'에 중점을 둬야 할 시기가 있는가 하면 기회를 봐가며 관망해야 할 시기도 분명 있다. 그런 세부적인 내용을 다른 항목과의 관계를 바탕으로 단기·중기·장기 등 각 시기에 적절한 목표를 설정할 때 비로소 한 폭의 인생 지도가 완성된다.

균형이 잡힌 인생을 실현하여 얻어진 성공만이 행복을 보장해준다. 전체적인 균형만이 전체적인 성공과 행복을 안겨줄 수 있다는 말이다. 그리고 인생 지도를 만들면 단기간에 성공하는 것이 왜 중요한지 알 수 있다. 짧은 기간에 성공을 하면 그 후의 인생을 더 오래도록 평안히 살 수 있으며 사회 공헌도 더 많이 할 수 있다. 또한 가족과 더불어 보내는 시간도 훨씬 더 늘어난다.

그래서 나는 고속으로 성공하고 단기간에 상승 기류를 타는 '가속성공'이야말로 행복한 인생을 살기 위해 더없이 값지고 귀한 기술이라고 생각한다.

● 눈여겨봐야 할 17가지 시간관리 전략

인생을 사는 동안 누구나 한계를 느끼는 것이 바로 '시간'이다. 하루 24시간이라는 시간만큼은 아무리 뛰어난 사람이라도 더 이상 늘릴 수 없다. 그래서 시간을 관리하는 전략이 필요하다. 구체적인 계획도 없이 무조건 노력만 하면 나중에는 늘 시간에 쪼들리게 마련이다. 그렇다면 어떻게 해야 할까?

나는 전에 세계 제일로 알려진 시간관리 회사의 일본 대리점에서 시간관리 시스템이라는 상품을 판매한 적이 있다. 그때 나는 일과 관련도 있고 해서 하이람 스미스나 로버트 알렝 같은 성공한 사람들의 시간관리법을 정식으로 공부했다. 그렇게 열심히 공부한 덕분에 나는 내 나름대로 '17가지의 시간관리 전략'을 정립할 수 있었다.

나는 거기에 '눈여겨봐야 할 17가지의 시간관리 전략'이라는 이름을 붙였다. 다소 지루할지는 모르지만 17가지를 하나하나 살펴보기로 하자.

1 | 중요한 소수에 집중한다

　능력이라는 측면에서 말하자면, 이는 유능의 테를 갈고 닦는 데 집중하고 무능의 테에는 별다른 노력을 기울이지 않는 것을 말한다. 한편 비즈니스라는 측면에서 말하면, 수익이 오르는 20퍼센트의 일에 80퍼센트의 에너지를 쏟으라는 뜻이기도 하다. 즉 '20대 80의 법칙'을 최대한 활용하자는 말이다.

2 | 되도록 뒤로 미룬다(적당주의는 힘이다)

　나는 이 방법을 프랑스의 영웅인 나폴레옹한테서 착안했

다. 그는 연일 바쁘게 지내는 동안 하루에도 수십 통씩 편지를 받았다. 그러나 그가 편지에 신경을 쓸 때는 한 달에 딱 한 번뿐이다. 편지를 읽는 시점에 이미 기일을 넘겨버려 소용없게 된 것들을 무용지물로 만들어서 시간을 줄이는 방법이다.

그래서 나도 이메일이나 휴대전화의 회신을 한참 뒤에 하곤 했는데, 이제는 그것이 습관처럼 되었다. 특히 휴대전화는 내 사정에 관계없이 아무 때나 걸려온다. 그때마다 일일이 대응하면 귀중한 시간을 쓸데없이 허비하게 된다. 이메일 체크는 일주일에 세 번으로 한정하고 답장은 여섯 시간을 넘기지 않도록 시간을 정해놓고 한꺼번에 처리한다. 처음에는 '답장이 늦다' 며 불만을 사기도 했지만 지금은 으레 그러려니 하며 대부분 이해해주고 있다.

3 | 자신의 노력에 적절한 포상을 내린다

이는 자신의 노력에 대해 일정한 대가를 지불하는 것을 말한다. 세세하게 목표를 정하고 달성할 때마다 자신에게 포상을 내린다. 그러면 동기를 부여하는 데도 크게 보탬이 된다. 내 경우의 포상은 주로 여행이다. 1년에 여섯 번 정도 여행하는 것을 목표로 삼고 있다.

4 | 싫어하는 일부터 먼저 처리한다

대부분 싫어하는 일은 나중으로 미루는 경향이 있다. 그래서 '언젠가는 처리해야 할 텐데'라며 부담을 안고 지내기 십상이다. 이는 결국 쓸데없이 스트레스만 키우는 꼴이다.

나는 세일즈맨 시절에 전화예약하는 일을 몹시 싫어했다. 그래서 날마다 오전 10시부터 두 시간 동안은 아예 전화예약하는 시간으로 정해놓고 그 일만 집중적으로 처리했다. 이때 주의할 점은 목표량과 시간을 미리 정해놓고 한꺼번에 처리해야 한다는 것이다.

5 | 날마다 일정한 시간을 정해놓고 계획에 몰두한다(장소의 힘을 이용한다)

아침마다 15분 동안 나는 집 근처의 커피숍에 혼자 가서 그날 하루의 계획을 세운다. 그 장소는 그 목적 이외로는 절대로 이용하지 않는다. 그래서인지 그곳에만 가면 스위치를 누를 때 불이 켜지듯 머리가 자동적으로 '계획 모드'로 바

뀐다.

이처럼 장소와 시간을 정해놓고 날마다 계획을 세우면 일의 효율이 한층 더 높아진다.

6 | 머리와 몸을 움직인다

건강에 대해서는 나 역시 완벽하다고 자신할 수는 없지만, 분명한 것은 정기적으로 운동하는 습관을 갖는 것이 중요하다는 점이다. 나는 운동 습관을 들이기 위해 일주일에 두세 번 스포츠 트레이너에게 개인지도를 받고 있다.

그리고 머리를 움직이기 위해서는 책을 읽거나 강연 테이프를 듣는 습관도 들여야 한다. 그래서 나는 전문 강사를 고용하여 두뇌 계발에도 힘쓰고 있다. 혼자서 해결하지 못하는 문제를 명확히 구별할 수 있기에 샐러리맨 시절부터 줄곧 해왔던 일이다. 또한 정기적으로 지압을 받으러 가기도 한다.

7 | 동시처리 능력을 익힌다

나는 이것을 '동시적 활동' 이라 부르고 있다. 쉽게 말하자면 무언가를 하는 시간에 다른 일도 동시에 하는 습관을 들이는 것을 말한다. 일례로 전철을 타고 이동하는 시간에 테이프를 듣는다든지 식사를 하면서 상담을 처리하는 따위의 일을 들 수 있다.

8 | 복수의 수입원을 만들어 구체적인 목표 설정을 한다

앞에서도 이미 설명한 세 가지 이상의 캐시 포인트를 설정하는 것을 말한다.

9 | 자신과의 약속을 우선한다

오늘밤에는 일찍 귀가하여 공부하겠다고 마음먹었는데 상사의 권유로 그만 술을 마시러 간다. 이런 경험은 누구에게나 있을 것이다. 결국 자신과의 약속보다 상사의 권유를 우선한 셈이라 할 수 있다.

아침에 하루의 계획을 세웠다면 어지간한 일이 아니고서는 자신의 계획을 우선한다. 상사의 권유에는, "죄송합니다. 오늘은 아주 중요한 선약이 있으니 내일이 어떻겠습니까?" 하고 말하면 대부분은 수긍해준다. 이 사람하고는 당

일 약속이 어렵다는 인식을 주변 사람에게 심어주면 자신의
계획대로 시간을 관리할 수 있다.

10 | 하루 30분씩 반성하는 시간을 갖는다

노트 같은 곳에 그날의 반성이나 아이디어를 적는 것은 아
주 중요한 의미를 갖는다. 요미우리 자이언츠 팀의 기요하
라 선수는 학생시절부터 날마다 노트에 무엇이든 기록하는
사람으로 유명했다. 술을 마시고 귀가하더라도 그 일만큼은
거르지 않았다고 한다. 어째서 오늘 안타를 치지 못했는지
원인을 분석하고 그 내용을 적어놓는 것이다. 만약 그런 식
으로 반성을 하면서 날마다 0.5퍼센트의 성장을 꾀할 수 있
다면 1년 동안 쌓이고 쌓여 비약적으로 성장할 수 있다. 그
가 꾸준히 좋은 성적을 유지하는 비결은 바로 그것이다.

11 | 시간을 돈으로 환산한다(시간은 곧 돈이다)

여러분은 지금 자신의 시간당 급여가 얼마인지 알고 있는
가? 잘 모르는 사람은 한 번 계산해보라. 그리고 자기가 바
라는 연수입을 채우려면 시간당 급여를 얼마 정도로 책정해

야 하는지 살펴보라. 또한 시간당 급여가 적은 사람은 왜 그
정도밖에 되지 않는지 곰곰이 생각할 필요가 있다. 자신의
시간당 급여 목표치를 정해놓으면 그 차이를 메우는 방법이
손에 잡히게 된다.

12 | 균형을 중요하게 여긴다(사명감에 얽매이지 않는다)

이것은 앞에서 언급한 세 가지의 균형이다. '개인', '가정',
'일'에 대한 균형을 의식하면 전체적인 성공을 지향할 수
있다. 흔히 사명감에 너무 얽매여서 일에만 집착하는 사람
이 있는데 아주 주의가 필요하다.

13 | 날마다 도전한다

작은 목표라도 상관없으니 날마다 '오늘은 이 일을 꼭 처리
한다'고 정해놓고 성취감을 얻을 수 있도록 노력해야 한다.

14 | 위임한다

자기가 할 일 중 몇 가지를 남에게 위임하면 그만큼 시간

의 여분이 생긴다. 예를 들면 집에서 밥을 지어먹는 대신 외식을 자주 하는 사람이 많은 것 같은데 이것도 일종의 위임이다. 주말 창업자의 경우 시간이 많이 소요되는 경리업무 같은 것을 외부에 의뢰하는 사람이 있는데, 이 역시 현명한 시간 사용법이라 할 수 있다.

물론 그에 상응하는 대가를 지불해야겠지만 시간을 산다는 감각으로 위임을 진지하게 검토할 필요도 있다.

15 | 시스템화와 규칙화를 도모한다

규칙화는 불필요한 시간낭비를 줄이기 위해, 시스템화는 위임을 위해 필요하다. 나는 요즘 일주일에 한 번밖에는 회사에 출근하지 않는다. 하지만 직원들은 이를 일종의 규칙처럼 받아들이고 있기 때문에, 직원들은 그 리듬에 맞춰 일하게 되고 나는 그만큼 시간을 효율적으로 사용할 수 있다. 또한 시스템화란 원칙이나 지침을 정하는 일이기도 하다. 원칙이나 지침이 있으면 누구에게든 일을 위임하기가 쉬워진다. 시스템화는 이처럼 엄청난 힘을 발휘한다.

16 | 장기적인 꿈을 이루기 위해 하루 1시간씩 구체적으로 행동하는 시간을 갖는다

세 가지 관람차 가운데서 가장 규모가 큰 것, 즉 장기적인 '꿈'은 하루아침에 이루어지지 않는다. 앞에서 설명했듯이 하루의 행동 중 80퍼센트는 소형 관람차에 쏟아 붓는 게 좋다. 하지만 그것만으로는 대형 관람차를 움직일 수 없다. 하루에 1시간 정도는 아무리 바쁘더라도 자신의 유능의 테를 갈고 닦아야 한다. '꿈'을 실현하기 위한 노력이 계속 이어져야만 가속성공을 이룰 수 있다.

17 | 일정한 날짜에 '계획의 날'을 가진다

'계획하는 데 시간을 투자할 때 가장 막대한 배당을 얻을 수 있다.'

브라이언 트레이시가 한 말이다. 90일이란 3개월이다. 단기 목표는 보통 3개월로 보는데, 그렇게 세운 목표가 달성되었는지 반드시 따져보라. 그리고 달성하지 못했다면 그 이유를 분석하여 다음 목표를 설정할 때 활용해야 한다. 그러면 목표 달성의 궤도가 수정되고 한층 더 가속도가 붙게 된다. 이때 중요한 것은 정해진 날 하루를 계획하는 데만 죄

212

다 할애해야 한다는 점이다. 되도록 하루 정도 휴가를 내어 아무한테도 방해받지 않는 환경에서 계획에만 전념하라.

17가지나 되니 다소 많다는 느낌이 들지는 모르지만 각 내용은 서로 연관성이 있다. 따라서 실생활에 응용해보면 의외로 짧은 시간에 터득할 수 있을 것이다. 실천하기가 특별히 어려운 항목은 없다.

무엇과도 바꿀 수 없는 귀중한 시간을 효과적으로 사용하는 것이 가속성공의 비결이다.

● 다양한 아이덴티티를 가져라

가속성공을 위해 노력하는 사람의 환경은 시시각각 가지각색으로 변화하게 마련이다.

그때 자신의 아이덴티티를 올바르게 파악하고 있지 않으면 주변 환경에 휩쓸리기 쉽다. 나는 어떤 사람인가, 하는 점을 명확히 인식하기 위해 나는 이런 방법을 쓰고 있다.

나에게는 지금 상자 하나가 있다. 상자 안은 여덟 칸으로 나뉘어져 있는데 각 칸마다 내가 들어 있다.

2년 반 전에 회사를 세웠을 때, 나는 이 상자에 다음과 같은 여덟 개의 '나'를 넣었다.

1. 성공한 벤처기업의 회장
2. 백만장자
3. 베스트셀러 작가
4. 애처가이자 자녀를 소중히 여기는 가장
5. 에너지가 넘쳐나고 신체가 건강한 사람
6. 봉사 단체의 장
7. 폭발적인 인기를 끌고 있는 세미나 강사
8. 초인적인 천재 컨설턴트

여러분도 알겠지만 이것은 2년 반 전의 내 모습이 아니다. 그때만 해도 나는 작은 컨설팅 회사의 과장이었다. 나의 이미지를 끌어올리기 위해 상자 속에 긍정적인 자화상을 넣었을 뿐이다. 나는 그 상자에 '아이덴티티를 담아 넣는 여덟 개의 상자'라는 이름을 붙였다.

이제 2년 반이 지난 지금의 모습과 비교해보자.

책을 내는 것은 이번이 처음이므로 '베스트셀러 작가'라는 자화상은 아직 실현되지 않았다. 하지만 그 나머지는 거의 다 이루었다고 자부한다.

솔직히 말하자면 나 스스로도 거의 모든 자화상들이 이렇게 짧은 시간에 이루어질 줄은 생각조차 하지 못했다.

상자 안에 여덟 개의 '나'를 넣었던 데는 이유가 있었다. 일종의 보험 심리가 작용했기 때문이다.

예를 들면 나의 아이덴티티로서 '성공한 벤처기업의 회장'만 염두에 두고 있었다면 어떤 결과가 생길 수 있을까? 회사가 망해버린다면 나에게는 어떤 정체성도 남아 있지 않게 된다. 그렇게 되면 곤란하다 싶어서 이것저것 생각한 끝에 여덟 개의 '나'를 넣었던 것이다.

여덟 가지나 되면 적어도 그 중 셋은 실현하지 못해도 나머지 아이덴티티로 자신을 보존할 수 있으리라는 생각이 들었다.

예를 들면 회사가 망해서 재산을 잃어버리면 '벤처기업의 회장'과 '백만장자'라는 자신을 잃어버린다. 그렇더라도 '베스트셀러 작가'라는 아이덴티티가 아직 남아 있으면 도산을 당한 나의 경험을 소재로 '백만장자가 도산을 통해 배운 것'이라는 제목의 책을 쓸 수도 있다. 실제로 나는 그런 점을 미리 계산했다.

이렇게 보험이라도 들어놓겠다는 심산으로 여덟 가지를

넣었을 뿐인데, 실제로는 나아갈 방향이 더 명확해짐으로써 성공을 한층 더 가속화할 수 있었다.

● 베푸는 마음이 중요한 이유

마지막으로 빨리 성공하기를 바라는 사람이 꼭 명심했으면 하는 점을 부연 설명하고자 한다.

성공하기 위해 필요한 내용이라기보다는, 가속성공의 세계에서 헛발질을 하지 않기 위해 반드시 명심해야 하는 내용이다.

앞 장에서 과거에 실패를 많이 겪은 사람일수록 상황이 호전되었을 때 더 크게 성공할 수 있다고 언급했다. 이러한 '진동의 법칙'은 사실상 성공하고 나서도 적용된다. 다시 말해 크게 성공할수록 일을 그르치게 되었을 때는 더 깊은 수렁으로 빠질 수도 있다는 뜻이다. 이런 경우를 가리켜, '어두운 절벽으로 떨어졌다'고 표현하는 사람이 있다.

그러나 그 진동을 멈추게 하는 방법이 딱 한 가지 있다.

'자신이 얻은 것을 주변과 골고루 나눠 갖는 일'이다.

이것을 내게 처음 가르쳐준 사람은 브라질의 은사인 I씨였다. 그는 이를 일컬어 '넉넉한 마음을 가져라'라고 표현했다. 그는 브라질에서 부모가 없는 아이들을 보살피는 시설을 운영하고 있다. 그런데도 그 사실을 직장 동료는 물론 일본에 있는 친구들에게도 밝히지 않았다. 나한테는 알려주었지만 일본에 돌아가서 아무에게도 절대로 알리지 말라고 신신당부를 했다.

그는 '자신을 위해서' 그런 일을 했노라고 거리낌 없이 말했다. 자신의 덕을 쌓고 어두운 절벽으로 떨어지지 않기 위해서 주변 사람에게 베풀었다는 것이다. 그리고 그런 행위는 음덕을 쌓는 일이므로 남모르게 해야 한다고 강조했다.

성공철학 책을 읽다 보면, '수입의 10퍼센트를 기부하라'고 당부하는 사람이 많다. 하지만 고액 소득자 중에서 자기 수입의 10퍼센트를 기부하는 사람이 과연 얼마나 될까?

나도 I씨의 가르침이 없었다면 '말로만 생색내는 사람'이 되었을지도 모른다. 아니면 더 많은 돈을 벌면 기부하겠노라고 생각하면서 전혀 실천하지 않았을지도 모른다.

사실은 나 역시 아무한테도 말하지는 않았지만 회사에 입사하여 첫 월급 17만 8천 엔을 받을 때부터 태국 어린이들을 위해 학비 보조를 해왔다. 어쩌면 그 일이 나의 가속성공에 알게 모르게 보탬이 되었을지도 모른다.

성공을 거머쥔 경영자가 수백억 엔이나 되는 재산을 모은 뒤 하루아침에 알거지가 되는 경우도 있다.

사람은 정상에 오르면 고집을 부리며 안하무인격으로 행동할 때가 많다. 그때 자신의 고집을 조절하고 균형을 잃지 않도록 도와주는 구실을 하는 것이 평소부터 쌓아온 음덕이다.

성공을 지향하는 사람은 이 점을 꼭 명심했으면 한다.

성공한 사람의 유형을 가만히 살펴보면 참으로 가지각색이다.

성공을 거머쥔 사람의 대부분이 책을 읽고 성공철학을 배웠다고는 볼 수 없다. 책에서 배운 내용을 그대로 실천하여 성공했다기보다는, 현실 세계 안에서 갖가지 문제에 부딪치고 이겨내면서 독자적인 성공철학을 구축했다고 보는 편이 옳다. 이런 의미에서 그들은 '천재'라 불릴 만한 자격이 있는 사람들이다.

하지만 자기는 평범한 사람이라며 일찌감치 포기할 필요는 없다고 본다. 성공철학을 배우고 계속 실천하면 누구든 자신이 그리는 미래를 손에 넣을 수 있기 때문이다.

그 증거가 바로 나이다. 나는 평범한 사람이다. 나는 지극히 평범한 대학을 졸업하고 특별히 내세울 만한 특기도 재능도 없는 지극히 평범한 사람이었다.

그런 내가 서른하나의 젊은 나이로 성공할 수 있었던 것은 어떻게 해야 '가속성공' 할 수 있는지 늘 고민하면서 그 길을 추구해왔기 때문이다.

자, 이제 누구 차례일까······.

그 대답은 굳이 입에 담을 필요가 없으리라.

에필로그

10년이면 무슨 일이든 할 수 있다

어떻습니까?

단기간의 성공을 지향하는 '가속성공'의 세계로 가는 방법과 순서를 알아냈습니까?

'가속성공'의 비결이 뭐냐고 묻는다면 나는 이렇게 대답하겠습니다. 성공한 사람의 사고방식을 있는 그대로 받아들여 실천하는 일이라고.

성공을 가속화시키는 것은 여러분 자신의 사고방식입니다.

세계적으로 주목을 받았던 영화 「매트릭스」를 본 적이 있습니까?

그 영화 속에는 주인공인 네오에게 모피어스가 매트릭스

220

의 세계 안에서 싸우는 기술을 가르치는 장면이 나옵니다.

그때 모피어스는 네오에게 이렇게 말합니다.

"자네가 그 기술을 전부 익혔다고 믿어라."

이 대사에는 참으로 깊은 진리가 담겨 있습니다.

모든 것은 너의 '외부' 에 있는 게 아니라 '내부' 에 있다.

네오는 그 진리를 깨우쳤기 때문에 동일한 무술 프로그램을 통해 훈련한 다른 누구보다도 강한 힘을 발휘할 수 있었습니다.

열쇠가 되는 것은 이미지를 그리는 힘과 확신하는 힘입니다.

그렇게 강한 확신감이 구세주 네오한테 숨겨져 있는 비밀입니다.

내 스승인 K씨는 '생각 속에 미래가 있다' 고 말했습니다.

나폴레옹 힐은 '생각은 현실화된다' 는 가르침을 주었습니다.

내 식으로 말하자면 '미래는 자기 내부에 있다' 입니다.

저마다 다른 말 같지만 사실은 똑같습니다.

사람이란 자기가 그리는 그릇 이상의 것을 담을 수는 없습니다. 자신이 그리는 이미지를 뛰어넘을 수는 없다는 말이지요. 작은 행동으로 출발했더라도 커다란 이미지를 그린 사람만이 커다란 성공을 거둘 수 있습니다.

커다란 꿈을 그리고 자신의 능력을 믿고 도전해보십시오.

1년 안에 큰일을 해내지는 사람은 극히 드뭅니다.

하지만 10년 정도 주어지면 근사한 일을 해낼 수도 있을 거라고 생각합니다.

나는 대학을 졸업한 지 올해로 9년째입니다.

아직 10년도 채 못 되는데 이 자리까지 올라섰습니다.

여러분도 10년만 있으면 근사한 일을 해낼 수 있을 겁니다.

자신을 믿고 열심히 노력하십시오.

내게도 아직 이루지 못한 커다란 꿈이 있습니다.

함께 꿈을 이루기 위해 노력해나갑시다.

'가속성공'을 향해 떠나는 여행자로서 여러분이 이 책을 계기로 한걸음 더 앞서 나아갈 수 있기를 간절히 바랍니다.

마지막으로, 2년 6개월 전에 임신 중인 몸인데도 "샐러리맨일랑은 집어치우고 주 5일제 근무하는 회사를 차리세요. 그리고 평일에도 저녁 8시 안에는 집으로 돌아오세요. 소득은 세 배쯤 올리시고요"라며 무모한 제안을 했던 아내에게 새삼 고맙다는 말을 전하고 싶습니다.

"여보, 정말 고맙소!"

2004년 6월
도코 다케히사